ନିଃଶବ୍ଦ ନୂପୁର

ନିଃଶବ୍ଦ ନୂପୁର

ଉମାଶଙ୍କର ପଣ୍ଡା

ବ୍ଲାକ୍ ଇଗଲ୍ ବୁକ୍ସ
ଭୁବନେଶ୍ୱର, ଓଡ଼ିଶା

BLACK EAGLE BOOKS
Dublin, USA

ନିଃଶବ୍ଦ ନୂପୁର / ଉମାଶଙ୍କର ପଣ୍ଡା

ବ୍ଲାକ୍ ଈଗଲ୍ ବୁକ୍ସ : ଭୁବନେଶ୍ୱର, ଓଡ଼ିଶା • ଡବ୍‌ଲିନ୍, ଯୁକ୍ତରାଷ୍ଟ୍ର ଆମେରିକା

BLACK EAGLE BOOKS

USA address:
7464 Wisdom Lane
Dublin, OH 43016

India address:
E/312, Trident Galaxy, Kalinga Nagar,
Bhubaneswar-751003, Odisha, India

E-mail: info@blackeaglebooks.org
Website: www.blackeaglebooks.org

First edition in 1980, Friends' Publishers, Cuttack

First International Edition Published by
BLACK EAGLE BOOKS, 2023

NISHABDA NUPURA
by **Umasankar Panda**

Copyright © **Sasanka Panda**

All rights reserved. No part of this publication may be reproduced, stored in a retrieval system, or transmitted, in any form or by any means, electronic, mechanical, photocopying, recording or otherwise without the prior permission of the publisher.

Cover & Interior Design: Ezy's Publication

ISBN- 978-1-64560-454-9 (Paperback)

Printed in the United States of America

ବିଥୀକା ଅପା ଓ ନିମାଇଁ ଭାଇଙ୍କୁ ଏକତ୍ର

ଅଗ୍ରଲେଖ

ଉମାଶଙ୍କର ପଣ୍ଡା (୩ ମାର୍ଚ୍ଚ ୧୯୩୧-୩୦ ମଇ ୨୦୧୫): କବି ଉମାଶଙ୍କର ପଣ୍ଡା ୧୯୩୧ ମସିହା ମାର୍ଚ୍ଚ ୩ ତାରିଖ ଦିନ ମହାଶିବରାତ୍ରୀର ଅମୃତ ପବିତ୍ର ବେଳାରେ ସମ୍ବଲପୁର ଜିଲ୍ଲାର କୁଦ୍ ଜାମ୍‌ପାଲି ଗ୍ରାମରେ ଜନ୍ମଗ୍ରହଣ କରିଥିଲେ। ମାତ୍ର ତିନିବର୍ଷ ବୟସରେ ମା'ଛେଉଣ୍ଡ ହେବା ପରେ ଅଧୁନା କଳାହାଣ୍ଡି ଜିଲ୍ଲାର ମଦନପୁର-ରାମପୁରରେ ଅବସ୍ଥାନ କରୁଥିବା ତାଙ୍କର ବଡ଼ବାପା ପୀତାମ୍ବର ପଣ୍ଡାଙ୍କର ପୋଷ୍ୟପୁତ୍ରତ୍ୱ ଗ୍ରହଣ କରି ସେଠାକୁ ଚାଲିଯାଇଥିଲେ। ୧୯୪୮ ମସିହାରେ ଭବାନୀପାଟଣାସ୍ଥିତ ବ୍ରଜମୋହନ ହାଇସ୍କୁଲରୁ ମେଟ୍ରିକୁଲେସନ୍ ପାସ୍ କରିବା ପରେ ସେ ଗଙ୍ଗାଧର ମେହେର ମହାବିଦ୍ୟାଳୟ, ସମ୍ବଲପୁରରେ ବି.ଏ. ପର୍ଯ୍ୟନ୍ତ ଶିକ୍ଷାଲାଭ କରିଥିଲେ। ସେହି ସମୟରେ କଲେଜ ଅଧ୍ୟକ୍ଷ ଡ. ମାୟାଧର ମାନସିଂହ ତାଙ୍କର କବି ପ୍ରତିଭାର ସନ୍ଧାନ ପାଇ ତାଙ୍କୁ ନିଜର ପ୍ରିୟ ଛାତ୍ର ଭାବରେ ଭଲ ପାଉଥିଲେ। ଉମାଶଙ୍କର ପ୍ରଥମ କବିତା ସେ ସମୟର ପ୍ରତିଷ୍ଠିତ ପତ୍ରିକା 'ଡଗର' ପୃଷ୍ଠାରେ ୧୯୪୮ ମସିହାରେ ସ୍ଥାନ ପାଇଥିଲା। ଏପରିକି ଯେଉଁଦିନ ୨୦୧୫ ମସିହାର ମଇ ୩୦ ତାରିଖ ସନ୍ଧ୍ୟା ସମୟରେ ସେ ଏହି ଦୁନିଆରୁ ବିଦାୟ ନେଲେ ସେଦିନ ସକାଳେ ମଧ୍ୟ ସେ ଦୁଇଟି କବିତା ରଚନା କରିଥିଲେ।

ତାଙ୍କର ସାରସ୍ୱତ ସାଧନା ୧୯୪୮ରୁ ଆରମ୍ଭ ହୋଇ ଦୀର୍ଘ ୬୮ ବର୍ଷ ପରେ ୨୦୧୫ରେ ଶେଷ ହୋଇଥିଲା। ଏହି ଦୀର୍ଘ ସାଧନା କାଳରେ ସେ ସମୁଦାୟ ସତାଅଶିଟି ପୁସ୍ତକ ରଚନା କରି ଓଡ଼ିଆ ସାହିତ୍ୟଜଗତକୁ ଋଦ୍ଧିମନ୍ତ କରିଛନ୍ତି। ତାଙ୍କର ମୌଳିକ ରଚନାବଳୀ ଦଶଟି କବିତା ସଂକଳନ, ସାତୋଟି ଗଳ୍ପ ସଂକଳନ ଓ ତିନୋଟି ଉପନ୍ୟାସ ରହିଛି। ଏତଦ୍‌ବ୍ୟତୀତ ସେ ଆନ୍ତର୍ଜାତୀୟ ସାହିତ୍ୟ ଜଗତର ଦଶଜଣ

ନୋବେଲ ପୁରସ୍କାର ବିଜେତା ଯଥା ପାବ୍‌ଲୋ ନେରୁଦା, ଓକ୍‌ଟାଭିଓ ପାଜ୍, ଗାବ୍ରିଏଲ୍ ଗାର୍ସିଆ ମାର୍‌କୁଏଜ୍, ନ୍ୟୁଟ୍ ହାମ୍‌ସୁନ୍, ବୋରିସ୍ ପାସ୍ତରନାକ୍, ଟୋନି ମୋରିସନ୍, ୟାସୁନାରୀ କାୱାବାତା, ନାଦିନ୍ ଗୋର୍ଡିମେର୍, ନାଗୁଇବ୍ ମାହାଫୁଜ୍ ଓ ଆଲେକ୍‌ଜାଣ୍ଡର ସୋଲ୍‌ଝେନିତ୍‌ସିନ୍‌ଙ୍କର ଲେଖାମାନ ଏବଂ ବିଶ୍ୱପ୍ରସିଦ୍ଧ ଲେଖକ ଡି.ଏଚ୍. ଲରେନ୍ସ, ଚାର୍ଲସ୍ ବଦ୍‌ଲେୟାର, ଅର୍ଥର୍ ର଼ାଁ ବୋଁ, ଭ୍ଲାଦିମିର୍ ନବୋକୋଭ୍, ଇସାଡୋରା ଡନ୍‌କାନ୍, ଆଲବେର୍ତୋ ମୋରାଭିଆ, ଦାଫ୍‌ନି ଦ୍ୟ ମୋରିୟର, ଏମିଲି ଜୋଲା, ଗୁସ୍ତାଭ୍ ଫ୍ଲୋବେୟାର୍, ଉଇଲିୟମ୍ ହୋୱାର୍ଡ, ଡେଭିଡ୍ ସେଲ୍‌ଜେର୍, ମୋପାସା, ନାଜିମ୍ ହିକ୍‌ମତ୍ ଓ ଗିଆକୋମୋ କାସାନୋଭାଙ୍କର ଉଲ୍ଲେଖନୀୟ ସାହିତ୍ୟ କୃତିସବୁ ଓଡ଼ିଆରେ ଅନୁବାଦ କରିଛନ୍ତି।

ଏତଦ୍‌ବ୍ୟତୀତ ଜାତୀୟ ସ୍ତରର ଭାରତୀୟ ଲେଖକ ଲେଖିକା ପ୍ରେମଚାନ୍ଦ, କିଶେନ୍ ଚନ୍ଦର, ଭଗବତୀ ଚରଣ ବର୍ମା, ଦିବ୍ୟେନ୍ଦୁ ପାଲିତ, ସୁନୀଲ ଗଙ୍ଗୋପାଧ୍ୟାୟ, ଅଭିଜିତ୍ ମଜୁମ୍‌ଦାର୍, ଦୀପ୍ତି ତ୍ରିପାଠୀ, ମନୁ ଭଣ୍ଡାରୀ, ସଂଗୀତା ବନ୍ଦୋପାଧ୍ୟାୟ, ଇନ୍ଦିରା ଗୋସ୍ୱାମୀ ଓ ପଂପା ସେନ୍‌ଶର୍ମାଙ୍କର ସାହିତ୍ୟ କୃତିମାନ ମଧ୍ୟ ଅନୁବାଦ କରି ଓଡ଼ିଆ ପାଠକମାନଙ୍କ ନିକଟରେ ପହଞ୍ଚାଇ ପାରିଛନ୍ତି।

ଉମାଶଙ୍କର ପଣ୍ଡାଙ୍କ ଓଡ଼ିଆ ସାହିତ୍ୟଜଗତକୁ ତାଙ୍କର ଜୀବନବ୍ୟାପି ଅବଦାନ ପାଇଁ ଓଡ଼ିଶା ସାହିତ୍ୟ ଏକାଡ଼େମୀ ୨୦୦୪ ମସିହାରେ ସର୍ବୋଚ୍ଚ ଅତିବଡ଼ୀ ସମ୍ମାନରେ ସମ୍ମାନିତ କରିଥିଲା। ଏତଦ୍‌ବ୍ୟତୀତ ସେ ବିଷୁବ ସମ୍ମାନ, ଝଙ୍କାର କାବ୍ୟ ସମ୍ମାନ, ଭୁବନେଶ୍ୱର ପୁସ୍ତକମେଳା ସମ୍ମାନ, ସାରଳା ସମ୍ମାନ, ଫକୀର ମୋହନ ଗଳ୍ପ ସମ୍ମାନ, ଅଖିଳ ପଟ୍ଟନାୟକ ବିଶେଷ କବି ସମ୍ମାନ, କବିତାୟନ କବି ସମ୍ମାନ, ଧରିତ୍ରୀ ସାହିତ୍ୟ ସମ୍ମାନ ଆଦି ପଚାଶରୁ ଊର୍ଦ୍ଧ୍ୱ ସମ୍ମାନରେ ସମ୍ମାନିତ।

ସେ ୬୭ଟି ବେତାର ନାଟକ, ପଚାଶରୁ ଊର୍ଦ୍ଧ୍ୱ ବେତାର ସଂଗୀତ ରୂପକ ଓ ଅନେକ ଓଡ଼ିଆ ତଥା ସମ୍ବଲପୁରୀ ଗୀତିକବିତାର ସ୍ରଷ୍ଟା। ତାଙ୍କ ରଚିତ ସମ୍ବଲପୁରୀ ସଂଗୀତ ରୂପକ 'ଗାଆଁକେ ଯିମା ଚାଲ' ସର୍ବଭାରତୀୟ ସ୍ତରରେ ଭାରତ ସରକାରଙ୍କର ସୂଚନା ଓ ପ୍ରସାରଣ ମନ୍ତ୍ରାଳୟ ଦ୍ୱାରା ୨୦୦୦ ବର୍ଷରେ ଶ୍ରେଷ୍ଠ ବିବେଚିତ ହୋଇ ପ୍ରଥମ ପୁରସ୍କାର ଲାଭ କରିଥିଲା।

'ନିଶବ୍ଦ ନୂପୁର' ହେଉଛି କବି ଉମାଶଙ୍କର ପଣ୍ଡାଙ୍କର ପଞ୍ଚମ କବିତା ସଂକଳନ, ଯାହାକି ୧୯୮୪ ମସିହାର ସର୍ବୋତ୍ତମ କବିତା ସଂକଳନ ଭାବରେ ଓଡ଼ିଶା ସାହିତ୍ୟ ଏକାଡେମୀ ପୁରସ୍କାର ପାଇଥିଲା।

- ଶଶାଙ୍କ ଶେଖର ପଣ୍ଡା

ପଦେ

'ନିଃଶବ୍ଦ ନୂପୁର' ମୋର ପଞ୍ଚମ କବିତା ସଂକଳନ। ସଂକଳିତ କବିତା ବିଭିନ୍ନ ସମୟରେ ବିଭିନ୍ନ ସାମୟିକ ପତ୍ରପତ୍ରିକାର ପୃଷ୍ଠା ଏକଦା ମଣ୍ଡନ କରିଥିଲା। ସମ୍ପାଦକ ବନ୍ଧୁମାନଙ୍କୁ ଏହି ଅବସରରେ ମୋର କୃତଜ୍ଞତା ଜଣାଉଛି।

ଜୟପୁରରେ ମୋର ନିର୍ବାସିତ ଜୀବନର ସହଚର ବନ୍ଧୁ ସଖା ସୋଦର ସ୍ୱର୍ଗତ କବି ଶିଶିର ମହାନ୍ତି ଯିଏକି ହଠାତ୍ ଏକ ସୂର୍ଯ୍ୟମୟ ଦ୍ୱିପ୍ରହରେ ଛଳିଛଳି ମୋତେ ଏକାନ୍ତ ଭାବରେ ଏକାକରି ଚାଲିଗଲା ସିଏ ଏ କବିତା ସଂକଳନର ପାଣ୍ଡୁଲିପି ନିଜ ହାତରେ ପ୍ରସ୍ତୁତ କରିଥିଲା। ତା'ପାଇଁ ମୋର ଯେ ନୀରବ ଅଶ୍ରୁଲେଖା।

ଏଥିରେ ସଂଶ୍ଳିଷ୍ଟ କବିତା ଚିନ୍ତା, ଚେତନା ଓ ଅଙ୍ଗିକରେ ଆଧୁନିକ କିନ୍ତୁ ଦୁର୍ବୋଧ୍ୟ ନୁହେଁ। ଏକ ରୋମାଞ୍ଚକ ଧାରା ପ୍ରବାହ ଭିତରେ 'ରୂପ, ରସ ଓ ଛନ୍ଦ'ର ତ୍ରିଧାରା ଏକତ୍ର ପ୍ରବାହିତ। ଯେଉଁମାନେ ଆଧୁନିକ କବିତାକୁ ଦୁର୍ବୋଧ୍ୟ କହି ନାକ ଟେକନ୍ତି ସେମାନଙ୍କ ପାଇଁ ହିଁ ମୋର ଏ 'ନିଃଶବ୍ଦ ନୂପୁର'। କବିତାର ପରିବେଷଣ ଶୈଳୀରେ ମୁଁ କେତେଦୂର ସଫଳ ହୋଇଛି ମୋର ଅନୁରାଗୀ ପାଠମାନଙ୍କର ବିଚାର୍ଯ୍ୟ।

ଉମାଶଙ୍କର ପଣ୍ଡା

ସୂଚିପତ୍ର

ଜୟପ୍ରକାଶ୍‌ଜୀ	୧୩
କ୍ରୀତଦାସର କାବ୍ୟ	୧୫
ଋତୁ-ବସଂତ	୧୮
ମନ-ମୃଗୟା	୨୦
ଓଟ	୨୨
ତମ ଗାଁ	୨୪
ଦୁଃଖ	୨୭
ଜଳବିମ୍ବ	୨୯
ସମ୍ରାଟ୍	୩୧
ଜଳିବାର ଗୀତ	୩୨
ସୂର୍ଯ୍ୟ ମହଲର ଷ୍ଟାଚ୍ୟୁ	୪୦
ପ୍ରାର୍ଥନା ଏକ ସାମ୍ରାଜ୍ଞୀକୁ	୪୨
ଚିହ୍ନିବା ସହଜ ନୁହେଁ	୪୪
ବର୍ଷା	୪୬
କଟକ ନଗର	୪୮
ସୂର୍ଯ୍ୟୋଦୟ	୫୦
ଆସକ୍ତ ସନ୍ୟାସ	୫୨
ଅନ୍ୟ ଉପତ୍ୟକା	୫୪
ଏକାନ୍ତ ବିଷାଦ	୫୬
ଦୁଇଟି ପୃଥକ୍ ଶୋକ	୫୮
ଓଡ଼ିଶା	୬୦
ବିଶାଖାମିତ୍ର	୬୭
ନରକ ଗୁଲ୍‌ଜାର୍	୭୦
ତୁମକୁ : ଯନ୍ତ୍ରଣାକୁ	୭୨
ଆସନ୍ନ ଋତୁ	୭୪
ସ୍ୱାର୍ଥପର ଈଶ୍ୱର	୭୬
ଋତୁପତ୍ର	୭୮
ଶଂଖଫୁଲ	୮୦
ଶୀତଋତୁ	୮୧
ନିଶବ୍ଦ ନିର୍ବାସନ	୮୪
ଏସ୍‌ପ୍ଲାନେଡ / କଲିକତା	୮୬
କନଟ୍ ପ୍ଲେସ୍ / ଦିଲ୍ଲୀ	୮୮
ବସଂତ ଓ ଉଦାସୀ ଭ୍ରମର	୮୯

ଜୟପ୍ରକାଶ୍‌ଜୀ

କେଉଁ ଏକ ଅମୃତ ପୁରୁଷ
ସମ୍ମୁଖରେ ଉଭାହେଲା ଆସି
ମୌନ ଏକ ନିଷ୍କାମ ସନ୍ୟାସୀ
ସମୁଦ୍ରରୁ ଗଭୀର ସେ କଣ୍ଠସ୍ୱର
ଜ୍ୟୋତ୍ସ୍ନାଠାରୁ ସ୍ନିଗ୍ଧ ସେହି ବାଣୀ
ବଜ୍ରରୁ କଠିନ ପୁଣି
ସୂର୍ଯ୍ୟଠାରୁ ତେଜୋଦୀପ୍ତ ଆଶ୍ଚର୍ଯ୍ୟ ମୁହୂର୍ତ୍ତ
ହେଲା ମୂର୍ତ୍ତ ସମ୍ମୁଖେ ମୋହର
ଅହଂକାରୀ ସମୟର ଏକମାତ୍ର ପ୍ରତିଦ୍ୱନ୍ଦୀ
ସିଏ କିରେ ଅଭିମାନୀ
ଉତ୍ତରା ଫାଲ୍‌ଗୁନୀ ।

ଯାହାର ଶାଣିତ ଅସ୍ତ୍ର ପାଶୁପାତ
ଅହିଂସାର ମନ୍ତ୍ରେ ଶୁଦ୍ଧପୂତ
ସିଏ କିନ୍ତୁ ଶବଦ୍‌ଭେଦୀ
ଭେଦିଯାଏ ହୃଦୟରୁ ହୃଦୟକୁ ଅୟୁତ ଅୟୁତ
ଗ୍ରାମୁ ଗ୍ରାମେ ନଗରେ ନଗରେ
କାଳୁ କାଳାଂତରେ

ଜନ୍ମନିଏ ବାରବାର ଦେବକୀର ଅଷ୍ଟମ ଗର୍ଭରେ
କ୍ରମଶଃ ରାତ୍ରୀର ଆତ୍ମା,

ଆଉ ଏକ ଅତ୍ୟାଶ୍ଚର୍ଯ୍ୟ ସୂର୍ଯ୍ୟର ସକାଳ
କ୍ରାଂତିର ନିଶାଣ ଟେକି
ନିଶବ୍ଦେ ଦୁଃଖର ବୋଝ
ବୋହିଚାଲେ ନିଃସଂଗ ସୈନିକ ।
ଅକସ୍ମାତ ଜଳିଉଠେ ଅଂଧାରରେ ବୁକୁଚିରି
ଏକମାତ୍ର ବହ୍ନିଶିଖା ଏକମାତ୍ର ଅଦ୍‌ଭୂତ ଆଲୋକ
ଏକ କଣ୍ଠସ୍ୱର
ଯନ୍ତ୍ରଣାର ସ୍ୱରଲିପି ଆସନ୍ନ ଝଡ଼ର ଘୁଂଘୁର
ଆଜି ସବୁ ଚେତନାରେ
ରୁଣୁଝୁଣୁ ସଂଗୀତର ସ୍ୱର
ମାଡ଼ିଆସେ ଡେଇଁ ଡେଇଁ ସମୟର ନିର୍ବାକ ପ୍ରହର ।

■

କ୍ରୀତଦାସର କାବ୍ୟ

ବଂଚିବାର ଅର୍ଥନୁହେଁ
ଗୋଲାମର ଭୂମିକାରେ
ନଇଁନଇଁ କୁର୍ଣ୍ଣିସ କରିବା ।
(ତୁମେ ଅହଂକାରୀ ସମ୍ରାଜ୍ଞୀ ତୁମ ମୂଲକର
ମୁଁ ନିଜସ୍ୱ ଯନ୍ତ୍ରଣାର ଏକକ ସମ୍ରାଟ ।)
ତୁମ ରାଣୀ ହଂସପୁରେ
ମୁଁ ନିସଂଗ ପୌରୁଷର ପ୍ରମତ୍ତ ବସନ୍ତ ଓ
ଉଲଂଘ ଶାସନ ନପୁଂସକ ତୃତୀୟ ପୁରୁଷ ।

କି ଆଶ୍ଚର୍ଯ୍ୟ । ଲୁହାର ଜଂଜିର ସବୁ ଛିଣ୍ଡିଗଲା ।
ଏବଂ ଆମେ ସୂର୍ଯ୍ୟଙ୍କୁ ପ୍ରାର୍ଥନା କଲୁ ।

ପାପର ମନ୍ଦିରୁ କିନ୍ତୁ ସେ ଆସିଲା
ପ୍ରହରୀ ବେଷ୍ଟିତା ହୋଇ । ତା ପରେ ଉଲଗ୍ନ ହେଲା ।
ଭାଟମାନେ ସ୍ତୁତିକଲେ
ବେଶ୍ୟାମାନେ ମଙ୍ଗଳ ଗାଇଲେ
ଆଲଟ ଚାମର ଧରି । ଲକ୍ଷେ ବିବସନା ନାରୀ
ଶଙ୍ଖ ଧ୍ୱନୀ କଲେ । ଅଭିଷେକ ହେଲା ରାଣୀଙ୍କର ।
ଓ ଉଚ୍ଚାଟ ମତ୍ତ ହସ୍ତୀ ଦଳିଦେଲା
ରମ୍ଭାବନ ଐଶ୍ୱର୍ଯ୍ୟ ଓ ବିଶ୍ୱସ୍ତ ଇଚ୍ଛାର ।

ସମୟର ସତର୍କ ପ୍ରହରୀମାନେ
ଭୟାତୁର ଦ୍ୱିତୀୟ ସତ୍ତାକୁ ମୋର ବନ୍ଦୀକଲେ
ଏବଂ ମୋତେ ବାଧ୍ୟକଲେ ସିଂହାସନ ତଳେ ତାର
ଆଣ୍ଠୁ ମାଡ଼ି ଚୁମିବାକୁ ସାମ୍ରାଜ୍ଞୀର
ରକ୍ତିମ ଓ ଉଜ୍ୱଳ ପାଦକୁ ।

ନବୋଢ଼ା କିଶୋରୀମାନେ ମୋତେ ସ୍ନାନ କରାଇଲେ
ଅର୍ବୁଦେକ କୁମ୍ଭ ନେଇ ସୁବାସିତ ଜଳେ
ଗନ୍ଧ ଚନ୍ଦନ ଲେପିଣ ସର୍ବାଙ୍ଗେ ମୋହର
ଶିରରେ ଶିରପା ଦେଲେ ପାଟଶାଢ଼ୀ
କମରରେ ତରବାରୀ । ବହୁ ମୂଲ୍ୟ ଉପଢୌକନରେ
ମୋ ବିବେକ କିଣା ହେଲା । ଲକ୍ଷ ଲକ୍ଷ ପାଟ ଛତି
ଟଣାହେଲା । ମଣିମାଙ୍କ ବିଜେବେଳ । କାହାଳି ବାଜିଲା

ରଜାଘର ପାଟ ହାତୀ ମୋ ମୁଣ୍ଡରେ ଢାଳିଦେଲା
ସୁନାର କଳସ । କେଉଁ ଏକ ଅଲିଖିତ ଚୁକ୍ତିରେ
ସ୍ୱାକ୍ଷର କଲି । ସନନ୍ଦରେ ଲେଖା ହେଲା
"ଆମ୍ଭେ ମହାପାଟରାଣୀଭୁଥଖଂରେ
ଉତ୍କଳ ଦେଶରେ ଆଦେଶିଲୁ
ଆରମ୍ଭ ପହୁଡ଼କାଳେ ନିଃଶେଷିତ ସୁରାପାତ୍ରେ
ଓଠ ସିକ୍ତ କରି ଚୁମୁଥିବେ
ଦକ୍ଷିଣାବର୍ତ୍ତ ସ୍ତନରେ ବିଶାଶହେ ଅର୍ବୁଦ ବରଷ"
ଏବଂ ସବୁ ବିଷ ପିଇ
ମୁଁ ତାର ଦୁଆରୀ ହେଲି । ଅଶ୍ଳୀଳତା ଇଲାକାର
ଅନ୍ୟ ଏକ ନିଷିଦ୍ଧ ନର୍କରେ ।

ଖୋଦାର ମେହେର୍‌ବାନୀ । ଦାସତ୍ୱର ଜଉଘରେ
ମୋ ଭଳି ଅନେକ ବନ୍ଦୀ ପରସ୍ପର ଈର୍ଷାନ୍ୱିତ ପ୍ରତିଦ୍ୱଂନ୍ଦୀ
ଉପରେ ମଧୁର ହସ । ଦାମ୍ଭିକର ଚିକ୍‌ଚିକ୍

ଛୁରୀର ଫଳକ ବେକରେ ଝୁଲୁଛି ମୋର
ଅବାସ୍ତବ ଶୂନ୍ୟ ଯନ୍ତ୍ରଣାରେ ।

ଦୁଃଖରେ ଶୋକରେ ଏଠି କାନ୍ଦି ହୁଏ ନାହିଁ କେବେ
କେବେ ଝରେ ନାହିଁ ଲୁହ ସହାନୁଭୂତିରେ ।
କାହିଁ ଏଠି ମଣିଷତ୍ୱ ? ଯେ ଯାହାର ସ୍ୱାର୍ଥନେଇ
ମିଛ ବାଘ ଖୋଳ ପିନ୍ଧି ଦୟନୀୟ ମଳିନ ପୌରୁଷ
ବଂଚିବାର ଧର୍ମ ନୁହେଁ
ଅଖଂଡ କ୍ରୀତଦାସତ୍ୱ କିମ୍ୱା
ଅନାସକ୍ତ ଅବ୍ୟକ୍ତ ସନ୍ୟାସ ।

ଋତୁ-ବସଂତ

ବସଂତ ଆସିଛି ଆଜି ଆମ୍ବ ବଉଳରେ–
ଆଉ କନିଅର ଶାଖାରେ ଶାଖାରେ ।
ହଳଦୀ ବସନ୍ତଟିଏ ଉଡ଼ିଯାଏ
ହୃଦୟରୁ ଆଉ ଏକ ହୃଦୟକୁ
ଆଖିରୁ ଆଖିକୁ ।

ବସଂତ ଲେଖିଛି ଚିଠି
ହେ ମୋର ଭ୍ରମରମାନେ, ଭ୍ରମମାନେ
ଏବଂ ଫୁଲମାନେ ।
ମୁଁ ବାଜୁଛି ରୁମୁଝୁମୁ ସୀତାର୍‌ର ତାରେ ତାରେ
ଆଉ କାହା ହୀରା ନୂପୁରରେ
ଓ ଢାଳିଛି ରଂଗର ଫୁଆରା ତକ
ପ୍ରଜାପତି ଡେଣାରେ ଡେଣାରେ ।

ବସଂତ ଆସିଛି ଆଜି
ଥାକ ଥାକ ବହି ଏବଂ ରୋମାଣ୍ଟିକ କବିତାର
ପଂକ୍ତିରେ ପଂକ୍ତିରେ ।

ମୁଁ ତୁମକୁ ଚାହିଁବସେ ଋତୁମତୀ
ରାତିରେ ରାତିରେ;
ତୁମେ ତ ଦେଇଛ ଚିଠି

ଉଚ୍ଛାଟ ବସଂତ ନାଚେ
ମାଲତି ଲତାରେ
କିଶୋରୀର ଅନୁଢ଼ା ଛାତିରେ ।

ମନ-ମୃଗୟା

ନିଛାଟିଆ ଏ ରାସ୍ତାର
ଦୁଇପାଖେ ଭୂତଭୟ ଓ ସାମ୍ନାରେ ଆକାଶରେ
ନିର୍ମମ ଓ ନିଷ୍କରୁଣ ସୂର୍ଯ୍ୟର ଜ୍ୱଳନ ।
ଉଚ୍ଛାଟ କଦମ୍ବବନ
ଯନ୍ତ୍ରଣାର ଫୁଲେ ଲୋହିତ ଅରଣ୍ୟ ।
(ଓ ଅନୁଚ୍ଚାରିତ ଇଚ୍ଛା ଅସହ୍ୟ ନିର୍ଜନ ।)
ଶରାହତ ଚେତନାରେ ମୋର
ଅସଂଖ୍ୟ କ୍ଷତର ଫୁଲ
ଅସହାୟ ରକ୍ତାକ୍ତ ଅଦ୍ୟାପି ।

ସେ ବଂଶୀର ବିଳାପରେ କାହାର କରୁଣ ସ୍ୱର
ଆଖିରେ କା ଲୁହର ଶ୍ରାବଣୀ,
ମୋ ଲୁଂଠିତ ପଦ୍ମବନେ
ଏକାକିନୀ ଅନାତ୍ମୀୟ କେଉଁ ଏକ ନିଃସଂଗ ପକ୍ଷୀର
ଉଦ୍‌ବେଳିତ ଡାକ ଶୁଭେ । ଶବାଧାର ପରେ କାର
ବୈଧବ୍ୟର ଶେଷ ଅଶ୍ରୁ ଲେଖା ।
ନିଛାଟିଆ ଏ ରାସ୍ତାରେ ଭୟଲାଗେ ।
ଦୀର୍ଘଶ୍ୱାସ ଭଳି
ଏବଂ ଏକ ନିରର୍ଥକ ଏ ରାସ୍ତା ବି ଶେଷ
ହୁଏ ଅବିଶ୍ୱାସୀ ପ୍ରମତ୍ତ ଋତୁରେ ।
ଏବଂ ସେହି ବିଶ୍ୱାସଘାତିନୀ ନାରୀ

ନିଏ ମୋତେ ବନ୍ଦୀ କରି କୁହୁକ ରଜ୍ଜୁରେ
ଗୃହାଂଗନୁ ଅନ୍ୟ ଅରଣ୍ୟକୁ ।

ହାତ ପାପୁଲିରେ ମୋର
କାହାର ଉଦାସ ଆଖି ବିଷର୍ଣ୍ଣ ମଧ୍ୟାହ୍ନ,
ଇତଃସ୍ତତ ଭୟ ଏବଂ ବେଦନାକ୍ତ ଶୋକରେ
ଅନାସକ୍ତ ଅନନ୍ୟ ଆକାଶ ।
ଦ୍ୱିଧାଗ୍ରସ୍ତ ଦର୍ପଣରେ ନିଶୁନ୍ ପ୍ରହର
ମୁକ୍ତି ଅନୁକ୍ତ ଚିନ୍ତା ।

ମୋହମାୟା ବେଦନାର ଅଶ୍ରୁସିକ୍ତ ଏକଇ ପ୍ରାନ୍ତର
ପ୍ରୀତୀକ୍ଷାରେ ପଡ଼ି ରହେ କେଉଁ ଏକ ମୁକ୍ତ ଚେତନାର
ନିଛାଟିଆ ଏ ରାସ୍ତାରେ ମୁଁ ଏକ ଏକକ ଯାତ୍ରୀ
ଏ ଋତୁରେ ଏକାକୀ ମୁଁ....ଏକାକୀ ପୃଥିବୀ ॥

ଓଟ

ପୂର୍ବପଟ ଝରକାରେ ନୀଳପର୍ଦ୍ଦା
ପଶ୍ଚିମ ପଟରେ କାଶ୍ମୀରର ଲେଂଡ୍‌ସ୍କେପ୍
ନିରୋଳା ସୁନା ପରି ଆଞ୍ଜୁଳାଏ ଖରା
ହଠାତ୍ କି ପଡ଼ିଗଲା ମନେ
ନିଃସଂଗ ପିପ୍‌ପଳ ପତ୍ର କଇଁ କଇଁ କାନ୍ଦୁଛି ଅଦ୍ୟାପି
ପୌଷର ଏ ଶେଷ ଅପରାହ୍ନେ ।

ଆଃ, ସେମାନଙ୍କୁ ଚେଷ୍ଟା କଲେ
ଚିହ୍ନି ହୁଏ ପଲ ପଲ ପଶମ ଚଢ଼େଇ
କାକରରେ ଦେହ ଘସି ସଫେଦ ଆର୍ସିରେ
ମୁହଁମାନ ଦେଖାଦେଖି ହୋଇ
ଲାଡ଼ ହେଉଥିଲେ...
କାଲି ଭୋର୍ ପବନରେ ।

ହଜିଲା ଦିନର କଥା
ଯେଉଁମାନେ ମିଶିଗଲେ ସମୁଦ୍ରରେ ।
ଶୁଭ୍ର ହସ ଆଉ ଯେତେ ବାଲିର ପାହାଡ଼
ସବୁକିଛି ଅଂଡାଳି ଅଂଡାଳି
ମୁଁ ପାଇଛି ଅଂଧାରରେ ଖାଲି
ଏକ ଚଢ଼େଇର ମନ
ମୃତ୍ୟୁ ପରେ ଯାହା ମୋର ମନେହୁଏ ସନାତନ

ଆଉ ହାୟ
ଏକକ ଅମ୍ଳାନ ।

ପୋର୍ଟିକୋରେ କୁଞ୍ଜଲତା ଲୀଳାୟିତ
କାମିନୀର ଭୀରୁ ନିଶ୍ୱାସରେ
ସମୁଦ୍ର ସମୁଦ୍ର ଶୀତ
ଫେଣ୍ଟି ହୋଇ ଏ ପୌଷର କୃଷ୍ଣକବରୀରେ
ଫିକ୍ ଫିକ୍ ହସେ
ଯେହେତୁ ମୋ ପଶମର ଜାମା ତଳେ
ଶୀତ ଲୁଚେ
ଆକୁଳ ଭୟରେ ।

ବାହାରେ ଯେହେତୁ ଥଣ୍ଡା
ସୋରେଇ ସୋରେଇ ପାଣି
ଆଉ ଅନେକ ତୃଷାର୍ତ୍ତ ଶଶକ
ସେ ଜହ୍ନର ଅପେକ୍ଷାରେ ଥିଲେ
ଯେହେତୁ ଜୀବନ-ମୃତ୍ୟୁ ଆପେକ୍ଷିକ
ପୋର୍ସେଲିନ୍ କଫିର କପ୍‌ରେ
ରୁଣୁଝୁଣୁ ତାଡ଼ାଏ ବେହାଗ...

ଚୌରାସ୍ତାରେ କୋଳାହଳ
ଉତ୍କଣ୍ଠାର ବହୁ ଅପେକ୍ଷାରେ
ସଂଭାବିତ ଶୀତର ସକାଳ
ଫ୍ଲୋରିସେଂଟ୍ ଆଖିର କାଚରେ
ସେମାନେ ଅଂଧାର ସବୁ
ବୁର୍ଖାପିନ୍ଧା ଗୁଡ଼ାଏ ଅଂଧାର
ହଠାତ୍ ଲୁଚିଲେ
ମୋ ମନର ନିଭୃତ ଗହ୍ୱରେ
କଇଁଛ ଖୋଳ ଯେହେତୁ
ମନେହୁଏ ଜୀବନର ନିର୍ଭୟ ଆଶ୍ରୟ ।

■

ତମ ଗାଁ

॥ ଏକ ॥

ମାଇଲ୍ ମାଇଲ୍ ଧରି ବସ୍ ଧାଏଁ ପାରି ହୋଇ ତମର ସେ ଗାଁ ।
ତଥାପି ପଡୁନି ମନେ ତମର ନା ଆଉ କାହା ନାଆଁ
ଜହ୍ନିଫୁଲ ଫୁଟା ସଂଜ୍ଞେ ନୀଳକଇଁ ପଥର ପାହାଚେ
ଯାହାକୁ ମୁଁ ଦେଖିଥିଲି ରୂପ ତାର ବାରମ୍ବାର ନାଚେ
ବସର ସାମନା କାଚେ । ତମ ଗାଁ କାହିଁ କେତେ ଦୂରେ
ତମର କି ମନେଅଛି ତମକୁ ମୁଁ ଦେଖିଥିଲି ନବରଂଗପୁରେ ।

ଝିଲିମିଲି ଝରକାରେ ପୋଷ ପୋଷ ଶୋଷ ଆଉ ଅବସାଦ ନେଇ
ମୁଁ ତମକୁ ଡାକିଥିଲି କେବେ ଏକ ମୁହଁ ସଂଜେ
ସେ ସବୁ ତ ଜମା ମନେନାହିଁ ।
ଆଗରେ ନିସ୍ତେଜ ଖରା ପାରିହୋଇ ଆମ୍‌ପାଣି ଘାଟି
ମୁଁ ଚାଲିଛି ଭିଡ଼ମଧ୍ୟେ ଧୂଆଁ-ଧୂଳି ସମୟ ସାଉଁଟି ।
(ଏହା ସତ୍ତ୍ୱେ ଆମେ ଦିହେଁ ହରାଇଛେ ଦୂରତ୍ୱ ଆମରି ।)

ତମ ଗାଁ ନଈପଠା ଶାଳବଣ ଟିକ୍ ଟିକ୍ ରୂପାଖରା ତକ
ଗାଲରେ ହଳଦୀ ମାରି ପାଦେନାଇ ରଂଗିନ୍ ଅଳତା
କଜଳପାତୀଟି ପରି ଛୋଟ ଛୋଟ ନନ ନଚାଇ
ତମେ ପଚାରିଲ ମତେ ସତେ କଣ ମନେ ନାହିଁ
କିଛି ମନେ ନାହିଁ ।

ଏକର ଏକର ଧରି ଧାନ କ୍ଷେତ କୁଳୁ କୁଳୁ କିଆରୀର ପାଣି
ଇତସ୍ତତ ତାଳଗଛ ଆକାଶର ନିସଂଗ ଚଢ଼େଇ
ଗୁରୁବାର ମାଣବସା ହରେକ୍ କିସମ୍ ଝୋଟି
ଦଳଦଳ ହୀରା ପ୍ରଜାପତି
ତମେ କି ରଖିନ କୁହ ପରଦେଶୀ ମନରେ ସାଇତି ?

ଯୋଗୀର କେନ୍ଦେରାଗୀତ ଉଦାସୀନ ଗାଁର ଆକାଶ
ରଜଦୋଳି ହୋରିଖେଳ ଦଶହରା କୁଆଁର ପୁନେଇ
ସବୁ କି ପାଶୋର ଗଲା ମନେନାହିଁ ଜମା ମନେନାହିଁ ।

ନିରୁତ୍ତର ମୁଁ ବିଦେଶୀ ତମର ସେ ଛଳ ଛଳ ଆଖି
ଏଇ ମୋଡ଼ ବୁଲିଗଲେ ହଜିଯିବ ଦୂରର ପାହାଡ଼
ଗୋରୁଙ୍କର ହମ୍ବାରଡ଼ି ବଉଳ ଫୁଲର ବାସ୍ନା
କାଠ ପୋଲ ଗାଁ ଦେଉଳ
ଖଜୁରୀ ଓ କିଆବଣ ନାଗଫେଣୀ ଅମରିର ବାଡ଼
ସବୁକିଛି ହଜିଯିବ ନାଆଁ ଗାଁ ଆମ ପରିଚୟ
କେବଳ ତମରି ସ୍ମୃତି ମୋର ଏକ ଅକ୍ଷୟ ସଂଚୟ ।

॥ ଦୁଇ ॥

ମୁଁ ହଠାତ୍ ତମ ଗାଁ ଚିହ୍ନିପାରେ
ଚିହ୍ନିପାରେ ସମୟକୁ
ଓ ବର୍ଣ୍ଣାଳୀ ସୂର୍ଯ୍ୟୋଦୟ ଏବଂ ସୂର୍ଯ୍ୟାସ୍ତକୁ । ଯେଉଁଠି
ପଣତେ ଖାଲି ଅବିର ସାଉଁଟି ଫୁଲ ସବୁ ଗୁଲାଲ୍‌ରେ
ଲାଲେଲାଲ୍ ଓ ଫୁଲର ଗନ୍ଧ ସବୁ ଅଳସ ଓ ତନ୍ଦ୍ରା ଆଣେ
ସ୍ୱପ୍ନ ଆଣେ ପ୍ରାଣ ଆଣେ ସୁନିବିଡ଼ ନୀଳ ଅରଣ୍ୟର
ମାଟିର ଫସଲର ଏବଂ ଅଫୁରନ୍ତ ଶରତର ବାଂଗ୍‌ମୟ ସକାଳ ।

ଏଠି ପ୍ରକାଣ୍ଡ ଅରଣ୍ୟ ଢାଲୁ ଜମି ଆଉ ଶାଳ ପଳାଶର ଫୁଲ
କୁଳୁକୁଳୁ ନିର୍ଝରିଣୀ ଆଦିବାସୀ ରମଣୀର ହସପରି ଛଳଛଳ
ସହଜ ଚଂଚଳ
ରୂପସୀ ପୁଷ୍କରିଣୀ ଆଉ ସର୍ପଗନ୍ଧା ରାତ୍ରୀ
ଆଉ ତୁମ୍ଭ କଣ୍ଠର ଆଶ୍ଚର୍ଯ୍ୟ ଆଶାବରୀ ଆକାଶରେ ।

ମୁଁ ହଠାତ୍ ତମ ଗାଁ ଆବିଷ୍କାର କଲି
ତମ ପରି
କିଏ ଜଣେ ଚାଲିଗଲା
ସେ ଈଶ୍ୱରଙ୍କ ପରି ଅନାମ
ନିରାକାର ଅବାକ୍ ଗୋଚର ଏକ ଉଦାସୀନ ମୁହଁ
ଯାହା ସହିତ ମୋର ଆଉ କେବେହେଲେ ସାକ୍ଷାତ ହେବନି ।
ତଥାପି କାହିଁକି ତମ ଗାଁର ସେହି ଅବାକ୍ ଆକାଶ ଦେଖି
ଆନନ୍ଦରେ ନାଚିବାକୁ ଇଚ୍ଛା ହେଲା
ଧାଇଁବାକୁ ଇଚ୍ଛାହେଲା
ଛୁଇଁବାକୁ ଇଚ୍ଛାହେଲା ଏବଂ ମୋର ଅନାସକ୍ତ ଇଚ୍ଛାର ଫୁଲସବୁ
ତମ ଦେହର ହିରଣ୍ମୟୀ ଶାଖା ପ୍ରଶାଖାରେ ଅସଂଭବ
ରୂପ ନେଇ ଫୁଟିଲା ଓ ଫୁଟି ଚହଟିଲା ।

ମୁଁ ହଠାତ୍ ଦେଖିଲି
ତୁମରି ଅଗଣାରେ ଲକ୍ଷ୍ମୀ ପାଦର ଚିହ୍ନ
ଅନଭ୍ୟସ୍ତ ହାତର ଆଲ୍‌ପନା
ଧାନଶିଶାର ମାଳି
ଦୁଆର ବନ୍ଧରେ
ମୁଁ ବିଦେଶୀ ହଠାତ୍ ତୁମରି
ନାଁ ଧରି ଡାକିଥାନ୍ତି କେମିତି କେଜାଣି ?
ମୁଁ ଚିହ୍ନିଛି ତମକୁ ଓ ତମ ଗାଁ ତମରି କି ବିଶ୍ୱାସ ହେଉନି ?

ଦୁଃଖ

ପିଠିରେ ଦୁଃଖର ବୋଝ
ଆମେ ସବୁ ଡାକବାଲା
ବାଣ୍ଟି ବୁଲୁ ଏ ଗଳିରୁ ସେ ଗଳିକୁ
ଚିଠି ଖାଲି ଚିଠି...
ଶୋକାବହ ହୃଦୟର ବ୍ୟର୍ଥତାର
ଅସହାୟ ବହୁ ଯନ୍ତ୍ରଣାର ।
ହୃଦୟ ହାରିବା ଏବଂ ହୃଦୟ ପାଇବା
ଦୁଇ ଭିନ୍ନ କଥା ଏହି ପୃଥିବୀରେ
ଶୋକାର୍ତ୍ତ ରାତିରେ ହସ ପରି
ସବୁକିଛି ଉଦାସ ଉଦାସ ଲାଗେ ।

ସହରର ରାସ୍ତାସବୁ ଶୂନ୍‌ଶାନ୍ ଗୋଟିପଣେ
ମୋ ନିଃସଂଗ ଆତ୍ମା ଭଳି, ପ୍ରେମ ଭଳି ।
ଏବଂ ମୋର ଭୁଲିଥିବା ପ୍ରାର୍ଥନାର ପଂକ୍ତିସବୁ
ଚିଠିର ଚଢ଼େଇ ହୋଇ ଉଡ଼ି ଆସି ବସିପଡ଼େ ।
ହେ ସାମ୍ରାଜ୍ଞୀ ! ତୁମ ସୁନା ପଞ୍ଜୁରୀରେ
ହୀରାର ପ୍ରଦୀପ ହୋଇ ଜଳିବା ଜାଳିବା
କେବେ ଏକ ନୁହେଁ ସ୍ମୃତିର ବାସର ଘରେ,
ବରଂ ବହୁ ପ୍ରତିଶ୍ରୁତି, ସଂଭାବନା ଏବଂ
ସପନର ସରହଦ ଡେଇଁବାର ଇଚ୍ଛା ନେଇ
କ୍ଳାଂତିକର ଦୀର୍ଘଯାତ୍ରା କୋଠରୀର ଶୂନ୍ୟ ଚୌହଦୀରେ ।

ଏମାନେ ବଂଚିବା ଏବଂ ମରିବାର କାରୁଣ୍ୟ ଭିତରେ
ବଂଚିଛନ୍ତି । ଅଥଚ କେଉଁଠି ଆଜି ଜୀବନର ଚିହ୍ନ ନାହିଁ ।
ଛିଟ ଶାଢ଼ୀ ଫୁଲସବୁ ପତ୍ରଙ୍କର ନିବୁଜ ଶେଯରେ
ଝରିପଡ଼େ ବନ୍ୟା, ବାତ୍ୟା, ମରୁଡ଼ିରେ ପ୍ରପୀଡ଼ିତ
ଏହି ମୋର ଶୂନ୍ୟ ପ୍ରଗଣାରେ ।
ଦୀର୍ଘଶ୍ୱାସ ସବୁ ଏଠି ପବନକୁ ଭାରି କରେ ।
ଏବଂ ପିଠିର ବୋଝକୁ ବୋହି
ମୁଁ ଅର୍ଦ୍ଧିତ ଘୁରିବୁଲେ ଗ୍ରାମୁ ଗ୍ରାମେ
ନଗ୍ରୁ ନଗ୍ରାଂତରେ । ଖାକି ପୋଷାକରେ ନିଃସହାୟ
ଡାକବାଲା ପରି ॥

■

ଜଳବିମ୍ବ

ମୋତେ ଦୃଶ୍ୟ ହେଲା ଯେତେ ଅଣାକାର ଗୋପ୍ୟ ବସ୍ତୁମାନ
ମୁଁ ପାଇଲି ଦିବ୍ୟଚକ୍ଷୁ ତୁମରି ପ୍ରସାଦେ । ପ୍ରଭୁ ମୋତେ ଅନ୍ଧ କର
ଅସହ୍ୟ ରୂପର ଜ୍ୱାଳା । ଡହଡହ ତାତିଲା ନିଆଁରେ
କୋଶ କୋଶ ଦଉଡିବା ଜୁନ୍‌ର ଖରାରେ । ତୃଷାରେ ଯେମିତି
ଡହକବିକଳ ହେବା ପାଣ ଥାଇ ଅତି ନିକଟରେ ।
ମୁଁ ଯାହା ଚାହିଁଲି ତାହା ଢଳ ଢଳ କାଚ ଦର୍ପଣରେ
ମୋ ଇଚ୍ଛାର ଛାଇମାନେ ଧାଡ଼ିବାନ୍ଧି ପରିହାସ କଲେ
ଏବଂ ମୋର ଦିଗମ୍ବରୀ ଇଚ୍ଛାମାନେ, ମୋତେ ହିଁ ଅବାକ୍
କରି ମୋ ଆଖିରେ ଗୋପ୍ୟ ହୋଇଗଲେ ।

ତାପରେ ମୁଁ ପାପପୁଣ୍ୟ ବିବେକ ଓ ପ୍ରବୃତ୍ତିମାନଙ୍କୁ
ପାଖକୁ ହକାରି ଆଣି ହଠକାରୀ ନିରେଖି ଚାହିଁଲି ।
ମୋତେ ମୁଁ ଦେଖିଲି ସର୍ବବସ୍ତୁ ମଧ୍ୟେ ସକଳ ପିଣ୍ଡରେ
ସୂର୍ଯ୍ୟପରି ଆତଯାତ, ହଂସ ହୋଇ ଅକାତ ଜଳରେ
ପହଁରନ୍ତି ମୋ ପୂର୍ବପୁରୁଷ ଏବଂ ମୋ ଦୋସର ମୋ ବଂଧୁ ପରମ
ହୃଦରେ ଓଲଟପଦ୍ମ ସେ କି ମୋର ନୟନର ଭ୍ରମ ?
ମୁଁ ଏକ ଶୂନ୍ୟପୁରୁଷ, ଶୂନ୍ୟେ ବୁଲେ ଜଳବିମ୍ବ ହୋଇ
ମୁଁ ପୁଣି ହୁଅଇ ଦୃଶ୍ୟ ଜଳେ ସ୍ଥଳେ ଗଗନମଣ୍ଡଳେ
ମୁଁ ପିଣ୍ଡ ବ୍ରହ୍ମାଣ୍ଡ ଅବା ନାଭିପଦ୍ମେ ହଂସ ହୋଇ ଖେଳେ
ଅଗାଧ ସାଗରେ ଭାସେ, ଇତସ୍ତତଃ ଉଡ଼େ ପବନରେ ।

ମୋତେ ପ୍ରଭୁ ! ଅଂଧକର; ଖଂଜ କର, ମୋ ବିକଳ
ବିବସ୍ତ୍ର ଇଚ୍ଛାକୁ ମୁଁ ଆଜି ଦେଖୁଛି ମୋର ଅବରୁଦ୍ଧ
କୋଠରୀରେ । ନୀଳ ସ୍ୱଚ୍ଛ କାଚ ଦର୍ପଣରେ । ଅତଳ ସମୁଦ୍ର
ଏବଂ ଏ ରାତିର ନିବିଡ଼ ଅଂଧାରେ । ମୁଁ ସଂସାର ଧର୍ମ ଆଚରିଣ
ଆହାର, ନିଦ୍ରା ମୈଥୁନେ ନିର୍ବୋଧ ମୁଁ କଟାଇଲି ଦିନ
ମୁଁ ଗୃହ-ଜଞ୍ଜାଳେ ହାରି ବୈରାଗ୍ୟରେ ନିଜକୁ ଖୋଜିଲି
ନିଜକୁ ନ ପାରି ଚିହ୍ନି ମୁଁ ପାମର ଅପ୍ରାଧ ଅର୍ଜିଲି ।

ମୋତେ କ୍ଷମାକର ପ୍ରଭୁ । ମୁଁ ଅବୋଧ ଅରକ୍ଷ ମଣିଷ
ତୁମର ପାପରୁ ଖିଏ ମୋ ଗଳାରେ ମାଳି ଅଛି କରି
ଏବଂ ମୁଁ ଦେଖୁଛି ତୁମେ ବିଦ୍ୟମାନ
ପାହାଡ଼, ପର୍ବତ, ନଦୀ
ବୃକ୍ଷଲତା, ପଶୁପକ୍ଷୀ, କୀଟ ପରିଯନ୍ତେ
ଏକଇ ନଶ୍ୱର ଆତ୍ମା ଅଣାକାର ଜଳବିମ୍ବ ପରି ।

ସମ୍ରାଟ୍

ପ୍ରାର୍ଥନା ତ କିଛି ନାହିଁ ପ୍ରଭୋ
ମୋ ନିଜସ୍ୱ ବେଦନାର ବିଶାଳ ସାମ୍ରାଜ୍ୟେ
ମୁଁ ସମ୍ରାଟ୍ ମୁଁ ଅଧୀଶ୍ୱର
ଅନ୍ଧକାରେ ଅଳଙ୍କୃତ ସ୍ଥିର ଆତ୍ମବିଶ୍ୱାସୀ ହୃଦୟ
ନୁହେଁ କାର ବଚସ୍କର
ନୁହେଁ କାର କରୁଣା ନିର୍ଭର ।

ଏବଂ ମୁଁ ମାଗୁନି ଶରଧା ବାଲିରୁ ହାତେ
ଠିଆ ହୋଇ ସିଂହଦ୍ୱାରେ ବାଇଶି ପାବଛେ
ମୋ ଚେତନା ଆହୁରି ପ୍ରୋଜ୍ଜ୍ୱଳ ।

ଜଳିବାର ଗୀତ

॥ ଏକ ॥

ହୁତ୍ ହୁତ୍ ସଂଦେହର ଅନଳ ଶିଖାରେ
ଏ ସହର ଜଳିଯାଏ
ଏବଂ ମୁଁ ଏକ ଅନ୍ଧ, ଖଞ୍ଜ, ଆଉ ମୂକ
ବସିରହେ ବେଦନାର ସର୍ବୋଚ୍ଚ ପାହାଚେ ।
ତାପରେ, ଅନେକ ଇଚ୍ଛାର ମୃତ୍ୟୁ
ପ୍ରତିଟି ସ୍ମୃତିର ପାଇଁ ପୁନରାୟ ଶୋକସଭା
ବକ୍ତୃତା ଓ ନିଃଶବ୍ଦ ଗୁଂଜନ
ଏସ୍‌ରାଜ୍ କିମ୍ୱା ସୀତାର୍‌ର ଆଳାପରେ
କେମିତି ଏକ ଆହତ ସ୍ୱର
"ମୁଁ ତୁମର, ତୁମର କେବଳ, ମୁଁ ତୁମର ।"

ଅରଣ୍ୟ, ଆକାଶ, ପକ୍ଷୀ, ଫୁଲ ଓ ସମୁଦ୍ର
ଆଶ୍ୱିନର ନୀଳ ମେଘ ଅପରାହ୍ନ ନଦୀ
ଓ ଗ୍ରାମର ସୁନ୍ଦରୀ ବଧୂ, ନିଜ ମୁହଁ ଭଳି ପରିଚିତ ।
ଏବଂ ଏହି ସହରର ଦହନରେ
ମୁଁ ମୋର ଆତ୍ମାକୁ ଜାଳି ପରଖିଛି ବହୁବାର
ଓ ଶୁଣିଛି ପବନର ବିଷର୍ଣ୍ଣ ବିଳାପ
ମୋ ଛାତିରେ, କଫିଖାନା ଅନ୍ଧକାରେ
ମୁଁ ନିର୍ବୋଧ, ଏକାନ୍ତ ନିର୍ବୋଧ

ମନେଅଛି, ମୁଁ କିଛି ଭୁଲିନି ।
ସାୟାହ୍ନର ନୀଳ ରୌଦ୍ର ଓ ସନ୍ଧ୍ୟାର ନିରାଲା ହାତରେ
ବିଷଣ୍ଣତାର ଦୁଇପଟ କଳାକାଚ଼ ମୁଁ ଭୁଲିନି ।
ତୁମର ସେ ଆଖି ମୋତେ ଓ ଆକାଶକୁ
ବାରମ୍ବାର ଛୁଇଁଛି କାଂଚନ ଶାଖା ଭଳି ।
ଓ ବିସ୍ମରଣ ଆଣିଛି, ଅସତର୍କ ମୁହୂର୍ତ୍ତର ଯେତେ ଦୁର୍ବଳତା
ଯେତେକ ଉଦ୍‌ଭ୍ରାନ୍ତ ଇଚ୍ଛାର ।
(ପ୍ରତିଟି ଇଚ୍ଛାର ମୃତ୍ୟୁ ପାଇଁ ପୁନରାୟ ଶୋକସଭା
ସାନ୍ତ୍ୱନା ଓ ଅଶ୍ରୁ ବିସର୍ଜନ
କିଂଚିତ ବିସ୍ମୟ ମିଶା ଅନେକ ସ୍ୱରର ଢେଉ
ବେଦନାର ବାଲୁଚରେ ପଥହୁଡ଼ି ଲେଉଟିଲେ ନାହିଁ ।)
କିଂନ୍ତୁ ମୁଁ ଫେରିଛି
ତୁମର ସେ ଜ୍ୱଳମାନ ସହରକୁ
ଯେଉଁଠି ଅନେକ ବାସନାର ଉତ୍ତାପ
ରକ୍ତର ଅରଣ୍ୟରେ ଚାଞ୍ଚଲ୍ୟ ସୃଷ୍ଟି କରେ ।
ପ୍ରେମିକା ମୋର, ତୁମକୁ କେବଳ ମୋର ଏତିକି ପ୍ରାର୍ଥନା
ତୁମେ ମୋତେ କେଇ ଟୋପା ଅଶ୍ରୁ ଦିଅ
ଦିଅ କୋଟୋଟି ଫୁଲର ପାଖୁଡ଼ା
କାରଣ ମୁଁ ତୁମ ପାଇଁ ଜଳିବାକୁ ମରିବାକୁ ରାଜି
ତୁମର କଳଙ୍କିତ ସହରରେ ।
ଯଦିଓ ମୁଁ ଏକ ଅନ୍ଧ,ଖଞ୍ଜ ଏବଂ ମୂକ
ନିଷ୍ପାପ ମଣିଷ । ମହମର ॥

॥ଦୁଇ॥

ଏ ବର୍ଷର ନଟେଇରେ ମୁଁ ତୁମର ଦେହର ଗୁଡ଼ିକୁ
ହଠାତ୍ ଉଡ଼େଇ ଦେଲି ଅର୍ବୁଦେକ ଆକାଶରେ
ମୋ ମନର ଅନ୍ୟ ଇଲାକାକୁ ।
ଯେଉଁଠି ମୁଠାଏ ଖାଲି ଅଂଧକାର

ମୋ ମୁହଁକୁ ତୁମର ମୁହଁକୁ
ଅଗ୍ନିରେ ଫିଙ୍ଗିଲା ଏବଂ ଶେଷେ ପୋଡ଼ି ଦେଲା
ବସନ୍ତର ଅରୂପ ବହ୍ନିରେ ।

ମୁଁ ଦେଖିଲି ମୋର ରୂପ ନର୍ସି ସସ୍
ସ୍ଥିର ଜଳ ନୀଳ ଦର୍ପଣରେ
ତୁମେ କ୍ଷୀଣ ପ୍ରତିଧ୍ୱନୀ, ମୋର ଶୂନ୍ୟ ପ୍ରତିବିମ୍ବଟାକୁ
ଡାକୁଥିଲ ବେହେଲାରେ ବଂଶୀରେ ଓ
ମୋର ଛାତି ରକ୍ତ କଣିକାରେ
ମୁହୂର୍ତ୍ତର ପରିଚୟ ଏବଂ ଏହି ଦହନର ତୀବ୍ରତା ମଝିରେ ।
(ଆମେ ହାତ ଧରାଧରି ଦୁଇଟି ପତଂଗ...ଆସ ! ଆସ !!
ଅଗ୍ନିସ୍ନାନ କରିନେବା ଏହି ସୂର୍ଯ୍ୟବଳୟ ଭିତରେ ।

ମୁଁ ଯେହେତୁ ସଂତର୍ପଣେ ଶଙ୍ଖଶଙ୍ଖ ପାଣି
ଏବଂ ପଦ୍ମ ପଦ୍ମ ତରଂଗରେ ମାଢ଼ ମାଢ଼ ସୁବର୍ଣ୍ଣ ଭିତରେ
ତୁମକୁ ଛୁଇଁବା ଆଗୁ ନଟେଇର ସୁତା ଦେଲି ଛାଡ଼ି
ତୁମ ସେ ଦେହର ଗୁଡ଼ି ଉଡ଼ିଗଲା ଯୋଜନ ଯୋଜନ
ଯେଉଁଠି ଜୀବନ ପରେ, ମୃତ୍ୟୁପରେ ଏବଂ ଏହି ଦଶାଶ୍ୱମେଧରେ
ଜଳିଗଲା ପରେ ହୁଏ ପୁନର୍ଜନ୍ମ
(ତୁମେ, ମୁଁ, ଅଂଧକାର ଆଉ ଆମ ଅବୈଧ ସନ୍ତାନ
ଗୀର୍ଜାର ଘଣ୍ଟାରେ...ଯାହାଙ୍କ ସ୍ୱରସବୁ
ଶ୍ଳୋକ ଓ ପ୍ରାର୍ଥନା ହୋଇ ଜାଳୁଥିବ ବହୁ ତାରୁଣ୍ୟକୁ ।)

ଜୀବନ ଓ ମୃତ୍ୟୁର ସଂଜ୍ଞା ଏବଂ ପବିତ୍ର ଅର୍ଥକୁ
ଯେଉଁଠି ଏ ସୂର୍ଯ୍ୟ ନାହିଁ, ପକ୍ଷୀଙ୍କର ଗୀତ ନାହିଁ
ଫଳଫୁଲ କିଛି ନାହିଁ, ସେଠି ସେହି ପାତାଳ ପୁରୀରେ
ମୋର ଯେତେ କଳ ରଥ, କଳା ଘୋଡ଼ା
ଏବଂ ଏହି ଅନ୍ଧାରର ବିବର ଭିତରେ
ମୁଁ ତୁମକୁ ଏବଂ ତୁମ ଉଲଗ୍ନ ଦେହକୁ

ଏ ବର୍ଷର ନଟେଇରେ ଗୁଡ଼ି କରି ପାତାଳକୁ ଛାଡ଼ି ଦେଲି
ହାୟ ଏହି ଉଡ଼ିବାର ଶେଷ ନାହିଁ...
ଜଳିବାର ଇତି ହାୟ ନାହିଁ ?
(ବସଂତରେ, ବୟସରେ, ଅଂଦାର ଓ ସୂର୍ଯ୍ୟର ବହ୍ନିରେ
କାମନାରେ...ପ୍ରୀତି ଏବଂ ପଲାଶର ଶାଖାରେ ଶାଖାରେ ।)

।। ତିନି ।।

ରାସ୍ତାଯାକ ରଡ଼ ନିଆଁ
ବୈଶାଖର ।
ଧାଡ଼ି ଧାଡ଼ି ଶୋଭାଯାତ୍ରା ଅନେକ ଶବର
ଏବଂ ପ୍ରଜାପତିଙ୍କର
ଯେଉଁମାନେ ଉଡୁଥିଲେ ଫୁଲ ଏବଂ ଫସଲରେ
ବିଗତ ପୌଷରେ ।

ମୁଁ ହାରିଲି ମୋ ନଗର,
ମୋର ଗୀତ, ଏବଂ ମୋର ଭଙ୍ଗା ବେହେଲାରେ
କି ଏକ କରୁଣ ସ୍ୱର
ଭଗ୍ନ କେଉଁ ମସ୍‌ଜିଦ୍ ଅଥବା ଗୀର୍ଜାର
ବିକଳାଂଗ ସ୍ତମ୍ଭ ପରି
ମୁଁ ଏକ ପ୍ରେତର ଛାଇ
ଅପମୃତ୍ୟୁ ଅନେକ ମନର ।

ଗଳିରାସ୍ତା ଅନ୍ଧକାର
ଟୋପେ ହେଲେ ଲୁହ ନାହିଁ କାହାରି ଆଖିରେ
ସହାନୁଭୂତିର । ଏବଂ ଏହି ସହରରେ ସତୀଚଉରାରେ
ଖାନନଗର ମଶାଣିରେ ଇତିନାହିଁ ଜଳିବାର,
ଯେହେତୁ ପ୍ରାର୍ଥନା ଘଣ୍ଟା
ଓ ଅନେକ ଶବବାହୀ ଆଉ ଶବାଧାର

ଏକ ସଂଗେ ପରିକ୍ରମା କଲେ ଓ ଗାଇଲେ
କୋରସ୍‌ରେ ଆତ୍ମାର ସଦ୍‌ଗତି ପାଇଁ ପବିତ୍ର ସଂଗୀତ ।
ତାପରେ ବୁଡ଼ିଲେ ଯାଇ ସମୁଦ୍ରରେ
ପାଲଛିଣ୍ଡା ଜାହାଜର ନିମଗ୍ନ ନାବିକ ଭଳି
ଅଥବା ଶାଖାରେ କାହିଁ ଜଳିଗଲେ
କୃଷ୍ଣଚୂଡ଼ା ହୋଇ । କିମ୍ବା ଏକ ନିର୍ଜନତା
ମୋ ସ୍ମୃତିର କଫିନ୍‌ରେ ପଡ଼ିଥିଲା ଶୋଇ
ବୈଶାଖରେ ଏହି ବୈଶାଖରେ
ଯେଉଁଠି ଅନେକ ତୃଷ୍ଣା ଜଳୁଥିଲା
ରକ୍ତସ୍ରାବୀ ପଲାଶର ଶାଖାରେ ଶାଖାରେ ॥

॥ ଚାରି ॥

ଏ ସବୁ କାହାର ହାତ ?
ରୁଲି ନାହିଁ, ପଟେ ହେଲେ ପାଣିକାଚ ନାହିଁ ।
ନିସଂଗ ସମୁଦ୍ରେ କେତେ ସୂର୍ଯ୍ୟ ଜଳେ ଅଜସ୍ର ଇଚ୍ଛାର,
ଗାଁ ମୁଣ୍ଡ ବରଗଛ, ଅଶ୍ୱତ୍ଥ ଓ ଖଜୁରୀ ଗଛରେ
ଠାକୁରାଣୀ ମଂଡପରେ ଦାଉ ଦାଉ ସିନ୍ଦୂରର
ଟିପା ଜଳେ କାହାରି ମଥାରେ ।
(ସେ ଆଦେହୀ ଆତ୍ମାମାନ ଜଳିଗଲେ ଚିକ୍‌ଚିକ୍ ଅଶ୍ୱତ୍ଥ ପତରେ ।)

ସେମାନେ ବିଧବା ହେଲେ,
ସେ ଗାଆଁର ଯେତେକ ଯୁବକୀ
ସତେ କଣ ଉଆଁସୀ କନିଆଁ;
ଆମେ ସବୁ ସଂକ୍ରାନ୍ତି ପୁରୁଷ ?
ଶ୍ମଶାନରେ ବସି କରୁ ଶବ ଏବଂ ଶିବର ସାଧନା
ଧଳା ଲୁଗା, ଶୂନ୍ୟ ହାତ, ଶୂନ୍ୟ ସିଂଥି, ମୁକୁଳା କବରୀ
ସେମାନେ କାନ୍ଦିଲେ ବସି, ଲୁହ ସବୁ ଏମିତି ତାତିଲା ।

ବୟସ ଜୁଇରେ ଜଳି ସେ ଅଶ୍ଳୀଳ ଆତ୍ମାମାନେ
ସତୀ ଗଲେ ହୋଇ....!!
(ଜଳିବାରେ ଏତେ ପୁଣି ଶୀତଳତା, ଏମିତି କାରୁଣ୍ୟ !)

ହେ ପିତୃପୁରୁଷଗଣ! ତେଣୁ ଏହି ଜରତାକୁ କ୍ଷମାକର
କ୍ଷମାକର ପିଂଗଳା ବେଶ୍ୟାକୁ । ବିଧବା ହୋଇବା ପରେ
ଯେଉଁମାନେ ମତି ହେଲେ ପର ପୁରୁଷରେ ଏବଂ ଜଳିଗଲେ
କମାରର କାମନା ନିଆଁରେ । କଉଡ଼ିର ଖେଳ ଏଠି ଶେଷ ହେଉ
ଶେଷ ହେଉ ଆମର ଏ ଆଜିକାର ବୃହନ୍ନଳା ବେଶ ।

କାରଣ ସେମାନେ ମୋର ଶିକ୍ଷା ଏବଂ ଦୀକ୍ଷାଗୁରୁ
ମୁଁ ଅନାଦି, ମୁଁ ଶୂନ୍ୟ ପୁରୁଷ।
ମୁଁ ହଂସ ଶୂନ୍ୟରେ ଖେଳେ ଜଳେ ସ୍ଥଳେ ଅନଳେ ଅନୀଳେ
ସେ ବିଧବା କନ୍ୟାଂକର ନାଭୀ କମଳରେ
ମୁଁ ଏକ ଏକକ ସତ୍ତା, ନାଦବିଂନ୍ଦୁ ଅବ୍ୟକ୍ତ ଅନଂତ ।
ଶେଷ ଅବଧୂତ । ମୁଁ ପ୍ରିୟ-ଦର୍ଶନ ସର୍ପ କ୍ଷୁଧାରେ ଯା ପାପ ଆଚରିଲି
ମୁଁ ପୁଣି କପୋତ ପକ୍ଷୀ କାମନାର ଜାଲେ ବନ୍ଦି ହେଲି
ଅଜଗର, ପତଙ୍ଗ ମୁଁ କୁରରୀ ସ ବ୍ରାହ୍ମଣ-କୁମାରୀ
ଦିବସ ଓ ରାତ୍ରି ପୁଣି ଚନ୍ଦ୍ର ସୂର୍ଯ୍ୟ, ବ୍ୟକ୍ତ ଏବଂ ଅବ୍ୟକ୍ତ ପୁରୁଷ
ମୋର ଏଠି ଜଳିବାର ଇତି ନାହିଁ....ସେ ବିଧବା ନାରୀଙ୍କ ସହିତ ।
ଯେଉଁମାନେ କଉଡ଼ିର ମୁହଁ ଖୋଲି ଆଜନମ ତୃଷାରେ ଜଳିଲେ
(ବସଂତରେ, ବୟସରେ, ଅଂଧାର ଓ ସୂର୍ଯ୍ୟର ବହ୍ନିରେ
କାମନାରେ...ପ୍ରୀତି ଏବଂ ପଲାସର ଶାଖାରେ ଶାଖାରେ ।)
ପୁରୁଷ ପୁରୁଷ ଧରି ଅଂଧମାନେ
ଅନ୍ଧକାର ସମୁଦ୍ର ଗର୍ଭରେ ସନ୍ତରଣ କଲେ
(ହାଂଗର୍ ଓ ସାଂକୋଚର ଭୟ ସତ୍ତ୍ୱେ ।)
ଯେହେତୁ ଅନେକ ଉର୍ଦ୍ଧ୍ୱେ
ଆକାଶ, ନକ୍ଷତ୍ର ଏବଂ ରତିକ୍ଳାଂତା ରାତ୍ରୀ ।
ନିଃଶବ୍ଦରେ ଶୋଇଥିଲେ

ଶୋଇ ଶୋଇ ମୁକ୍ତା ଖୋଜୁଥିଲେ,
ବିବସନା ବେଳାର ପଲଙ୍କେ ।

କିନ୍ତୁ ହାୟ ଶଂଖ କାହିଁ, ମୁକ୍ତା କାହିଁ, ଶାମୁକା ବା କାହିଁ
ଚକ୍ଷୁସ୍ମାନ୍ ଲୋକଙ୍କର ପଦଚିହ୍ନ କାହିଁ ?

ଖାଲି ଅଛି ସମୟ ଧୂସର କଂକାଳ,
ରକ୍ତାକ୍ତ ପାପର ଭ୍ରୁଣ,
ଗର୍ଭିଣୀ କୁମାରୀ ଏବଂ କାମାର୍ତ୍ତ ଯୁବାର ସ୍ୱପ୍ନ
ସମୁଦ୍ରକୁ ସାକ୍ଷୀ ରଖି ଯିଏ ଦିନେ
କି ଆଶ୍ଚର୍ଯ୍ୟ ! ସଂଧି କରିଥିଲେ
(ଦେହର ମିଳନ ପରେ ।)
ତାଙ୍କରି ଅବୈଧ ଶିଶୁ (ସଂଭବତ ମୃତ)
ସମୁଦ୍ରରେ ଖୋଜୁଥିଲେ
ଏହି କାଳ, ଏ ଶୂନ୍ୟତା ଏବଂ ସେହି ଅଂଧ ଲୋକମାନେ ।
(ଯେଉଁମାନେ ନିଜ ମୁହଁ...ନିଜ ମନ
ଦର୍ପଣରେ କେବେହେଲେ ନିରେଖି ନାହାଂତି)
ଦର୍ପଣଟା କେଉଁପରି ?
ଏ ସମୁଦ୍ର, ଏ ଆକାଶ କିମ୍ବା ଏହି ଅନ୍ଧକାର ପରି
ଯାହାର ସମଗ୍ର ସ୍ଥିତି, ବ୍ୟାପ୍ତି ଏବଂ ବଳୟ ଭିତରେ
ସୂର୍ଯ୍ୟ ଚନ୍ଦ୍ର ନକ୍ଷତ୍ର ଓ
ସେ ଗର୍ଭିଣୀ କୁମାରୀର ଚିତା ଜଳେ
(ଆହା ! ସେହି କୁମାରୀର ମୃତ୍ୟୁ ହେଲା—
ମୃତଶିଶୁ ପ୍ରସବ ଉତ୍ତାରୁ ।)

ଅଂଧକାର ପ୍ରସବିଲା ଅଂଧକାର
ପ୍ରୀତି ଏବଂ ପରିଚୟହୀନ ।
ଝଡ଼ ହିଁ ସୃଜିଲା ଝଡ଼...ସମୁଦ୍ରରୁ ଜନ୍ମିଲା ସମୁଦ୍ର
ଅନଳରୁ ଅନଳ ଜାତ, ଦେହରୁ ଦେହ, କମଳରୁ କମଳ

ବିନ୍ଦୁରୁ ଭୂମିଷ୍ଠ ବିନ୍ଦୁ, ଜଳ ଦେହୁ ସୃଷ୍ଟି ହେଲା ଜଳ
ଆଲୋକରୁ ଆଲୋକର
(କୁଂତୀ ଓ ମନ୍ଦୋଦରୀ
ଅହଲ୍ୟା ଓ ତାରାର ଗର୍ଭରେ)
ଯେଉଁମାନେ ବହୁ ରତି, ବହୁ ପତି
ସତ୍ତ୍ୱେ ସୁଦ୍ଧା ସତୀ ବୋଲାଇଲେ ।
ପୁରୁଷ ପୁରୁଷ ଧରି ଅନ୍ଧମାନେ
ସମୁଦ୍ରରେ ମୁକ୍ତା ଖୋଜୁଥିଲେ ।
ମୁକ୍ତାଟା ଅଂଧାରରେ ବାରିହୁଏ
ତେଣୁ ଆମେ ଅନ୍ଧକାର ଭଲ ପାଉ,
ଭଲ ପାଉଁ ଆୟୁଷ୍କାଳ ଧରି
ଉପେକ୍ଷିତ ସେ ଅବୈଧ
ମୃତଶିଶୁଟିକୁ,
ଏ ସୃଷ୍ଟିର ପ୍ରଥମ ଓ ଶେଷ ଶିଶୁ ଯିଏ...।
ଏହି ଅଂଧମାନେ ଖୋଜୁଥିଲେ ଅତୀତର ପ୍ରୀତି ଏବଂ ସ୍ମାରକୀ
ଭିତରେ
ଯଦିଓ ସେ ଅତୀତଟା ଆଜି ବି ତ ଜଳେ ।
ବସଂତରେ, ବୟସରେ, ଅନ୍ଧାର ଓ ସୂର୍ଯ୍ୟର ବହ୍ନିରେ
କାମନାରେ...ପ୍ରୀତି ଏବଂ ପଳାଶର ଶାଖାରେ ଶାଖାରେ ।)

■

ସୂର୍ଯ୍ୟ ମହଲର ଷ୍ଟାଚ୍ୟୁ

ଧାବମାନ ସମୟର ସ୍ଥିର ଏବଂ ଅଂଚଚଳ
ନିର୍ବାକ ପ୍ରହରୀ ତୁମେ ।
ବାରମ୍ବାର ହାତ ଠାରି ଡାକ
ଅତୀତକୁ...ଏବଂ ଏକ ବିସ୍ମୃତି ସତ୍ୟକୁ ।
ବହିଯାଅ, ଭିତରକୁ କିଏ ଯାଅ
ରାଣୀହଂସ ପୁରେ ଶୁଭେ ଖିଲ୍ ଖିଲ୍ ହସର ଲହରୀ
ନିଷିଦ୍ଧ ଇଲାକା ଇୟେ, ପ୍ରତିଧ୍ୱନି ଖାଲି ଏକ ପ୍ରତିଧ୍ୱନି
ଜୀର୍ଣ୍ଣ ପଥରର ।

ତୁମେ କାଳପୁରୁଷର ପ୍ରତିଦ୍ୱନ୍ଦୀ, ପରାହତ ବିଧ୍ୱସ୍ତ ଅଧୁନା ।
ନିଷ୍ଫଳ ଆକ୍ରୋଶେ, କ୍ରୋଧ କିମ୍ବା ଦୁଃଖ, କିମ୍ବା ଅବଜ୍ଞାରେ
ତୁମରି ଚକ୍ଷୁରେ ଯଂତ୍ରଣାର ବହ୍ନିଶିଖା,
କିମ୍ବା କେବେ ନଇଁ ଆସେ ବର୍ଷଣ ମୁଖର ଏକ
କାଫିର ରକ୍ତରେ ସିକ୍ତ ଆକାଶର ଛାଇ,
ତୁମର ସେ ଅଶ୍ୱ, ହସ୍ତୀ, ପଦାତିକ, ପାରିଷଦ, ଚତୁରଂଗ ବଳ
ସିଂହାସନ, ତରବାରୀ କିଛି ହେଲେ ନାହିଁ ।

ତୁମରି ବିରୁଦ୍ଧେ ଆଜି ଐକ୍ୟବଦ୍ଧ ସମସ୍ତ ଜନତା
ରାଜପଥେ ନିଷେଧାଜ୍ଞା । ତୁମେ ଏକ ଭ୍ରାଂତିର ଫସଲ
ବହୁ ଅସତର୍କ ମୁହୂର୍ତ୍ତର । କ୍ଷୟଶୀଳ ସାମଂତବାଦର
ତୁମେ ଶେଷ ପ୍ରତିନିଧି । ଅପମାନେ ବିକୃତ ମୁଖର ରେଖା...।

ହଠାତ୍ କି ତୁମେ ବାରମ୍ବାର ତୁମର ସେ ଅତର୍କିତ—
ବର୍ଚ୍ଛାର ଫଳକ ତୋଳିଛ ଅସହ୍ୟ ଏହି ବିଦୃପର ବୁକେ ।
ଜନତାର ଶୋଭାଯାତ୍ରା ଛତ୍ରଭଂଗ, ଆତଂକିତ ଭୟେ ଓ ବିସ୍ମୟେ ।
ନିଶ୍ଚିତ ସେମାନେ ଆଜି ଆସନ୍ନ ସମରେ
ତୁମେଇ ଏ ଜନତାର କ୍ଷମାହୀନ ଶେଷ ପ୍ରତିଦ୍ୱନ୍ଦୀ ।
ସେ ଜନତା ତୁମକୁ ଚାହିଁନି,
ତୁମେ ସେହି ଜନତାର ଏକମାତ୍ର ଏକାନ୍ତ ପ୍ରହରୀ ।
ତୁମେ ହାତ ଠାରି ଡାକ
ପାଂଚଶ ମାଇଲ୍ ମାଇଲ୍ ଷ୍ଟୋନ ପାରି ହୋଇ
ମୁଁ ଅବାକ୍ ସ୍ତଂଭିତ ଏ ଜନତାର ନିଃସଂଗ ନାୟକ
ଗୋଧୂଳିର ମ୍ଳାନ ଏହି ସନ୍ୟାସୀ ରାସ୍ତାରେ ଏକା
ବିଶ୍ୱସ୍ତ ଓ ଅନୁଗାମୀ ସହଚର ।
କାଳରାତ୍ରୀ,
ଅଥର୍ବ ସମୟ ।
ସୂର୍ଯ୍ୟମହଲର ଷ୍ଟାଚ୍ୟୁ !

ତୁମେଇ ତ ପ୍ରତିନିଧି ମହାକାଳ ଦ୍ରୁତି ସମୟର ।
ସୂର୍ଯ୍ୟମହଲର ଷ୍ଟାଚ୍ୟୁ !!

ତୁମେଇ ତ ପ୍ରତିଦ୍ୱଂଦୀ ପ୍ରଳାତକ ଭୀରୁ ଜନତାର ।
ସୂର୍ଯ୍ୟମହଲର ଷ୍ଟାଚ୍ୟୁ !!!

ତୁମେ କି ବିମୁଗ୍‌ଧ ଶ୍ରୋତା କ୍ଷୟଶୀଳ ଗୀତି କବିତାର ॥

ପ୍ରାର୍ଥନା ଏକ ସାମ୍ରାଜ୍ଞୀକୁ

ନିର୍ଜନ ସମୟତକ ଦୀର୍ଘତର ହୋଇଆସେ
ସହରର ଚିହ୍ନା ମୁହଁସବୁ ମୁଖାପିନ୍ଧି
କେମିତି ଅପରିଚିତ ଦେଖାଯାଆନ୍ତି ।
ପ୍ରାଗ୍‌ଐତିହାସିକ ଯନ୍ତ୍ରଣାରେ
ପ୍ରଥମ ବର୍ଷାର ରାତି ବିତିଯିବାପରେ
ମୁଁ ପୁଣି ବଢ଼ାଏ ହାତ ଆକାଶକୁ
ଯେଉଁ ଆକାଶର ନୀଳ ତୁମ ସର୍ବାଂଗରେ
ଓ ତୁମେ ସାମ୍ରାଜ୍ଞୀ ଭଳି
ମୋ ସକଳ ପୌରୁଷକୁ ଉପହାସ କରି
ଦର୍ପଣ ଆଗରେ ବସି ବେଣୀବାନ୍ଧ
କେଉଁ ପୋର୍ଟିକୋରେ
ମୋ ବିପନ୍ନ ପୁରୁଷତ୍ୱ ବନ୍ଦୀହୁଏ
ତୁମର ସେ ଶଂଖ ଶୁଭ୍ର ନାଭି
ଏବଂ ସ୍ତନ କମଳରେ ।

କେଉଁ ଗଜପତିଙ୍କର ବଶଂବଦ ପ୍ରଜାମାନେ
ପାରିଧିକି ଯାଇ ଆଉ ଫେରିଲେନି
ଏବଂ କେଉଁ ରସବତୀ ଲାବଣ୍ୟବତୀର
ଖିଲିପାନ ଦୋକାନରେ ଝୁଲୁଥିଲା ଝକ୍‌ମକ୍ ତଲ୍‌ୱାର୍
ସୋରା ସୋରା ମଲ୍ଲୀ ଓ ମାଣିକ୍ୟର ମାଳ
ପାପ ନେଇ ବଂଚିହୁଏ

ଓ ସକଳ ଯନ୍ତ୍ରଣାକୁ ଭଲକରି ଚିହ୍ନିହୁଏ
ଯେତେବେଳେ ଓଦାହୁଏ ବିଧବାର ଶାଢ଼ୀପରି
ବିସ୍ତୀର୍ଣ୍ଣ ସକାଳ ।

ବଂଚିବାକୁ ହେବବୋଲି
ନେଲି ସିନା ସବୁ ଈର୍ଷା ଅହଂକାର
କାମନାର କନକ ମୁକୁଟ
ଘୃଣା ଓ ବିଦ୍ୱେଷର ପ୍ରଶସ୍ତ ବିଶ୍ୱାସ
ଆତ୍ମୀୟତା ପାପ ପ୍ରେମ
ଆଉ ତୁମ ଶରୀର ନିସଂଗ ଆକାଶ
ଯେଉଁଠି ଏକାକୀ ଏକ ତାରା ହୋଇ
ମୁଁ ନିଜର ଯନ୍ତ୍ରଣା ଏବଂ ଦୁଃଖ ନେଇ
ଜଳୁଥିବି କାଳକାଳ ବର୍ଷ ଆଉ ମାସ ।
ହେ ସାମ୍ରାଜ୍ଞୀ । ମୁଁ ତୁମର କ୍ରୀତଦାସ
ପ୍ରଥମ ପ୍ରେମିକ ଏବଂ ପ୍ରଥମ ପୁରୁଷ ।

■

ଚିହ୍ନିବା ସହଜ ନୁହେଁ

ଚିହ୍ନିବା ସହଜ ନୁହେଁ ମଣିଷକୁ ।
ଯେମିତି ଈଶ୍ୱରଂକୁ
ଅବିଶ୍ୱାସ ସଂଦେହ ଭିତରେ
ପାଇବା ସହଜ ନୁହେଁ ।
ଏବଂ ଆକାଶକୁ ଛୁଇଁବା ସହଜ ନୁହେଁ
ଠିକ୍ ତୁମ ମନ ପାଇବା ହାରିବା ଭଳି
ସବୁ କିଛି ଅବିଶ୍ୱାସ୍ୟ ।

ସର୍ବତ୍ର ଦର୍ଶକ ହେବା ନିରାପଦ
ଏବଂ ବାଞ୍ଛନୀୟ ଗ୍ୟାଲେରୀର
ସର୍ବ ନିମ୍ନ ପାହାଚରେ
ନିଜକୁ ଖୋଜିବା ।
କେମିତି ନିର୍ମମ ଋତୁ
ଅବାଂତର ସ୍ୱପ୍ନର ଭିତରେ ସ୍ୱପ୍ନ
ଶାମୁକା ଓ ମୁକ୍ତା ଖୋଜିବା ଯେହେତୁ
ସମ୍ଭବ ନୁହେଁ ସମୁଦ୍ର ବେଳାରେ ।

ଏତେ ଲୋଭ ଅହଂକାର ଏବଂ
ଈର୍ଷାର ଅଧିକୃତ ସାମ୍ରାଜ୍ୟରେ
ତୁମକୁ ଯେମିତି ପାଇବା ଦୁର୍ଲଭ !

ସେଇମିତି ମୂଲ୍ୟବାନ ମୁକ୍ତାଭଳି
ଯାହାକୁ କି ସହଜରେ
ଚିହ୍ନିବା ସହଜ ନୁହେଁ
ପରିବ୍ୟାପ୍ତ ସମୟ ବେଳାରେ ।

ବର୍ଷା

ଅକସ୍ମାତ ବର୍ଷା ହେଲା
ଛୋଟ ଏକ ହସକୁଡ଼ି ଝିଅଭଳି
ନାଚିନାଚି ଝୁମୁଝୁମୁ ଘୁଂଗୁର ବଜେଇ ।
ନଈବାଲି ଖରିବଣ କିଆ ଆଉ କନିଅର ଦେହରେ ଦେହରେ
ଋତୁ ଏ ପ୍ରମତ୍ତ ହେଲା ।
(ଫାଜିଲ୍ ନଈଟା ଧୋଇନେଲା କ୍ଲାଂତି ସମୟର)
ଆକାଶରେ ଗୁରୁଗୁରୁ ମୃଦଂଗ ବାଜିଲା
ମେଘ ଆଉ ମେଘପରେ
ମେଘ ଦେଖି ମୟୂର ନାଚିଲା ।
ବର୍ଷା ହେଲା । ନୂଆ କୋଠା ନୂଆ ରାସ୍ତା
ନୂଆ ମନ ନୂଆ ବୟସରେ
ଋତୁ ଏ ପ୍ରମତ୍ତ ହେଲା ଅକସ୍ମାତ ଏହି ଶ୍ରାବଣରେ ।
ଏବଂ ମୋର ରକ୍ତ କଣିକାରେ
ରୁମୁଝୁମୁ ରୁମୁଝୁମୁ ଏ କାହାର ଘୁଂଗୁର ବାଜିଲା ?

ମୁଁ ଶୁଣିଲି କାନଡେରି ଉଚ୍ଚାଟ ମନରେ
ବାହାରେ ବର୍ଷାର ଶବ୍ଦ
ସାଇଁ ସାଇଁ ପବନ ଓ ପାଦଶବ୍ଦ । ରୁଣୁଝୁଣୁ ପାଣିକାଚ
ସତ୍ତାକୁ ଆଚ୍ଛନ୍ନ କରି ମୋ ଆଖିରେ ଭରିଦେଲା
ନିଦ ଆଉ ନିଦ ଯେତେ
କ୍ଳାନ୍ତି ଏବଂ ଥାକଥାକ ନିବିଡ଼ ଅନ୍ଧାର ।

ମୋ ସ୍ମୃତିର ଜହ୍ନିଫୁଲ ତରାଟ ଟଗର ।
ନିଶବ୍ଦେ ଫୁଟିଲେ ସବୁ ମୋ ମନର ଶାଖାରେ ଶାଖାରେ
ଏବଂ ମୋର ହଜିଥିବା ଅତୀତକୁ
ମୁଁ ପାଇଲି ସଂକୁଚିତ ଏହି ମୋର ଚେତନାର
ଶୂନ୍ୟ କୋଠରୀରେ ।
କାଦୁଅରେ ବାଟ ଚାଲି ବ୍ୟର୍ଥତା ଓ ଦୀର୍ଘଶ୍ୱାସ ନେଇ
ମୁଁ ଯାହାକୁ ଖୋଜୁଥିଲି ଆତ୍ମାର ଦୋସର ବୋଲି
ଭଗ୍ନ ମୁଖଶାଳା ଏବଂ ବିବର୍ଣ୍ଣ ଲାଇଟ୍‌ପୋଷ୍ଟ୍ ଆଲୁଅ ଭିତରେ ।
ସେ ହଠାତ୍ ଏ ବର୍ଷାରେ
ମୋର ଭଙ୍ଗା ଆଇନାରେ ଫୁଲଦାନୀ ବହିସେଲଫ୍
ପୁରାତନ ଫାଇଲ୍ ଭିତରେ
ବାଟଖୋଜି ବୁଲୁଥିଲା । ଦେବାନ ବଜାର ଛକ
ବାଲିକୁଦା ଷ୍ଟେସନ୍ ଓ ମୋ ଧର୍ଷିତ ଦେହର ସୀମାରେ ।

ବର୍ଷା ହେଲା ଅକସ୍ମାତ ବର୍ଷା ହେଲା ।
ନିଛାଟିଆ ଗଳିମୋଡ଼ ମୋ ହାତର ଶୂନ୍ୟ ପାପୁଲିରେ
ଅନେକ ଇଚ୍ଛାର ଛକ ଶ୍ରାବଣର ବିମନା ନୂପୁର
ଫୁଲର ମହକ ଖାଲି ରୂପ ଫୁଲ ଦେହର ମହକ
ସେ ନେଇ ଆସିଲା ତାର ଅହଂକାର ସ୍ୱପ୍ନ ଏବଂ
ଅଜସ୍ର କାମନା ମୋର ଶୂନ୍ୟ ବିଛଣାରେ
ଏହି ଶ୍ରାବଣରେ ।

■

କଟକ ନଗର

ଏଇମାତ୍ର ଜଳିଗଲା କଟକ ନଗର ନାମେ ଏକଇ ନଗର
ସ୍ୱର୍ଗ ତ ନିଶ୍ଚୟ ନୁହେଁ
ନର୍କବିତ ନୁହେଁ ମଣିଷର !
ଶବଯାତ୍ରା ଶୋକସଭା କାହାପାଇଁ
ଏ ନଗ୍ରରେ କିଏ ତାର ପ୍ରାଣର ଦୋସର ?
ଚିହ୍ନା ମୁହଁମାନ ସବୁ ଅଚିହ୍ନା ଦିଶନ୍ତି ଏଠି
ଓ ଅଚିହ୍ନା ମଣିଷ ସବୁ ଚିହ୍ନାର ଲାଗନ୍ତି
ଗୀର୍ଜା ଏବଂ ମନ୍ଦିରରେ ପ୍ରତିଧ୍ୱନୀ ଶେଷ ପ୍ରାର୍ଥନାର ।
ଆଉ ତ ସମୟ ନାହିଁ
ସମୁଦ୍ରରେ ମୋ ନାଆ ଭାସଇ
ମୁଁ ଅର୍ଣ୍ଣିତ କଟକରେ ଗଳିକନ୍ଦି ସବୁ ଖୋଜି
ମୋ ହଜିଲା ମନ ପାଉନାହିଁ ।
ଏଇମାତ୍ର ଜଳିଗଲା କଟକ ନଗର ନାମେ ଏକଇ ନଗର
ପ୍ରେମ ତ ନିଜସ୍ୱ ନୁହେଁ
ପ୍ରତାରଣା ସତ୍ତ୍ୱେ ବଂଚିବାର ।
ସବୁ ସ୍ମୃତି ସବୁ ପାପ ସବୁ ଈର୍ଷା ଅତୀତ ଦିନର
ଛକେ ଛକେ ଧାଡ଼ି ବାନ୍ଧି ଚାଲିଛନ୍ତି
ହାତେଧରି ପରଓ୍ୱାନା ବହୁ ମୃତ ନିଷିଦ୍ଧ ଇଚ୍ଛାର ।

ବହୁଲୁହ ସ୍ୱେଦ ଏଠି ଏକାକାର
ପ୍ରତାପୀ ଶତ୍ରୁର ହାତେ ଲୁଟିହେଲା

ଛପନକୋଟି ଭଣ୍ଡାର ଜଗାକାଳିଆର।
କାହାରବା କିସ ଗଲା
ଜଳିଗଲା ଯେତେବେଳେ
ଯନ୍ତ୍ରଣାର ଅନେକ ବୟସ
କାହାରବା କିସ ଗଲା ଯେତେବେଳେ ହାଡ଼ଦେହୁ
ମାଉଁସ ଝୁଣିଲା ଅଭାବ ଓ ଅନାଟନ ।
ଜେମାଦେଈ କାନ୍ଦୁଥିଲା ସତୀ ଚଉରାରେ ବସି
ହାତୁ କାଢ଼ି ଶଂଖା ଓ ସିନ୍ଦୁର ।

ଏଇମାତ୍ର ଜଳିଗଲା କଟକ ନଗର ନାମେ ଏକଇ ନଗର
ମନ ତ ନିଜସ୍ୱ ନୁହେଁ
ନିଷ୍ପାପ ବି ନୁହେଁ ଜଳିବାର
କିଏ ବା ଜନନୀ ଜାୟା
କିଏ ପିତା କିଏ କନ୍ୟା ଏ ନଗ୍ରରେ
ଚିହ୍ନିବା ସହଜ ନୁହେଁ କିଏ ପର କିଏ ଆପଣାର ।

■

ସୂର୍ଯ୍ୟୋଦୟ

ସୂର୍ଯ୍ୟୋଦୟ ହେଲାପରେ
ଜଳିଉଠେ ପାହାଡ଼ର ତୀଖ
ଆକାଶ ଉଲଗ୍ନ ହୋଇ ଶୋଇପଡ଼େ ସମୁଦ୍ର ବାଲିରେ
ଅକସ୍ମାତ ପବନରେ ପଦ୍ମଗନ୍ଧ ଯୁବତୀ ଦେହର
ଉତ୍ତେଜନା ଭରିଦିଏ
ଅରଣ୍ୟର ଅଶ୍ଳୀଳ ରକ୍ତରେ ।

ପ୍ରଜାପତି ବାଟହୁଡ଼େ ଫଗୁଣର ଏଇ ସହରରେ
ମୋରଯବି ତ ମନେନାହିଁ ତୋର ମୋର ହେଲା କେବେ ଭେଟ
ମୋ ରକ୍ତର ଫୁଲସବୁ କେବେ ଫୁଟି କେବେ ଗଲା ଝରି
ମିତଣି ଲୋ ତୋ ମୁଣ୍ଡରେ ଝଟକିଲା
ଜକଜକ ଜରିର ମୁକୁଟ ।

ରକ୍ତରେ ପାପର ଋତୁ ପରାଜିତ ପୌରୁଷ ମୋହର
ଆଲୋକରେ ଅନ୍ଧହେଲା ଅନ୍ତରଂଗ କେଉଁ ମୁହୂର୍ତ୍ତରେ
ଦେହଗନ୍ଧେ ମୁଗ୍ଧ ହୋଇ ମିତଣି ଲୋ
ମୁଁ କରିଲି ବନ୍ଦୀ ତୋତେ ବାହୁବନ୍ଧନରେ
କେଉଁ ଏକ ଉଦାସୀନ ରତିକ୍ଳାଂତ ବିମର୍ଷ ନିଶାରେ
ପ୍ରାୟ ନିଶବ୍ଦରେ ।
ଏବଂ ତୁ ଜଳୁଥିଲୁ ମୋ ଉଲଗ୍ନ ଆକାଶରେ
ସୂର୍ଯ୍ୟ ହୋଇ ଦ୍ୟୁତିମୟତାରେ ।

ଦଗାବାଜ୍ ଭ୍ରମର ବି ବନ୍ଦୀ ହେଲା ମାଲୁଣୀର ଫୁଲ ପସରାରେ
ସୂର୍ଯ୍ୟ ପୁଣି ଜନ୍ମ ନେଲା ମିତଣି ଲୋ
ତୋ କେଶର ଗଭୀର ଅନ୍ଧାରେ
ତୋର ସ୍ତନ ଏବଂ ତୋର ଶଂଖନାଭି ସମୁଦ୍ରରେ
ସ୍ୱର୍ଗଦ୍ୱାରେ ଚିତାମୋର ଜଳିବା ଆଗରୁ
ମୋର ପୁଣି ପୁନର୍ଜନ୍ମ ସମୁଦ୍ରବେଳାରେ
ଏବଂ
ତୋ ନିବିଡ଼ ନିବି ବଂଧନରେ
ସୂର୍ଯ୍ୟୋଦୟ ପରଠାରୁ ଆତ୍ମହତ୍ୟା
କହ କେଉଁ ପାପର ଋତୁରେ ।

ଆସକ୍ତ ସନ୍ନ୍ୟାସ

ମୋର ରତ୍ନ ସିଂହାସନ ଲାଲେଲାଲ୍
ଯନ୍ତ୍ରଣାର ପଳାଶ ଫୁଲରେ
ମୁଁ କେମିତି ଖୋଜିଥାନ୍ତି ମିତଣି ରେ
ହଜିଥିବା ମନ ତୋର ବିସ୍ମୃତିର ସମୁଦ୍ର ବାଲିରେ
ଦୀର୍ଘଶ୍ୱାସ ମିଶିଯାଏ ପବନରେ
ତୋ ସହର ଅମୁହାଁ ଗଳିରେ ।
"ନାଗର ନଇଲେ ଘରେ ମିତଣିରେ
କାହାଲାଗି ମାନ ଅଭିମାନ ।"

ତୋ ରୂପାର ଅଂଟାସୂତା ଲମ୍ବିଯାଏ ଯୋଜନ ଯୋଜନ
କାଚ ସିନା ଭାଙ୍ଗିଗଲେ ଯୋଡ଼ିହୁଏ ।
ଯୋଡ଼ିହୁଏ ନାହିଁ ଥରେ ଭାଙ୍ଗିଗଲେ ମନ ଓ ସପନ ।

କେଉଁଠି ଲୁଚିବି ନିଜେ
କେଉଁଠାରେ ଲୁଚାଇବି ମୋ ମାଣିକ୍ୟ କବଚ କୁଣ୍ଡଳ
ଆଲୋକ ଫୁଟଇ ମୋର ରକ୍ତେ ହୋଇ ଅଜସ୍ର ମନ୍ଦାର ।
କାହାକୁ ଦେବି ମୁଁ ମୋର ପୌରୁଷକୁ
କିଏ ସେହି ତିଲୋତ୍ତମା ନାରୀ ।
ମୋ ପାପକୁ ମୋ କାକୁସ୍ଥ କାମନାକୁ
ନେବ ତାର ପଣତେ ଆବୋରି ।
ଦେବ କିଏ ମୋ ମୁଣ୍ଡରେ ସୁନାର ମୁକୁଟ

ଝଲମଲ ଜରିଲଗା ରଜାର ପୋଷାକ
ଅଭିଷେକ କରି କିଏ ନେବ ମୋତେ ଚଂଦ୍ରଶାଳାପୁରେ
ମିତଣି ରେ । ବଂଦୀ ମୁଁ ତ ତୋ ମନର ସୁନା ଫରୁଆରେ ।

ମୁଁ ଚାହିନି ମୁକ୍ତି ଏହି ଲୋଭନୀୟ କ୍ରୀତଦାସତ୍ୱରୁ
ମୁଁ ଜାଣିଛି ଯନ୍ତ୍ରଣାରେ ଜଳି ହୁଏ
ଜଳିହୁଏ ତୋ ଦେହରେ । ଚୋରା ଚୋରା ଚଇତିରେ
ତୋ ଶଂଖଶୁଭ୍ର ସ୍ତନର ବିସ୍ମୟରେ
ସକଳ ସଂଭ୍ରମ ଭୁଲି
ତୋ ଶୀତଳ ନାଭି କମଳରେ ।
ମିତଣି ରେ ! ତୁ କି ଏକ ଋତୁମତୀ ଋତୁର ଫସଲ
ତୁ କି ଏକ ଋତୁସ୍ନାତ ଅନୁରାଗେ ଆରକ୍ତ ସକାଳ ।
ତୁ କି ଏକ ପଦ୍ମବନ ଲୋଭାତୁର ଅନେକ ଆଖିର
ତୁ କି ଏକ କିମ୍ବଦନ୍ତୀ କେଉଁ ଉଚ୍ଚାଟ ଲଗ୍ନର ।
ତୁ ସିନା ହୃଦୟେଶ୍ୱରୀ ମିତଣି ରେ ।
ମୁଁ ତ ଏକ ଅବୋଧ ପୁରୁଷ
ଅହଂକାର ବୁଝିହୁଏ
ବୁଝିପାରେ ନାହିଁ ତୋର
ଅଲୌକିକ ଆସକ୍ତ ସନ୍ୟାସ ।

■

ଅନ୍ୟ ଉପତ୍ୟକା

ନିସଂଗ ଏ ଉଦାସୀନ ଇଲାକାରେ
ସମ୍ରାଟ ହେବାକୁ କାହାର ବା ଇଚ୍ଛାଥିଲା
ଯେଉଁଠି କେବଳ ଦୁଃଖ ଅନାତ୍ମୀୟ ନିର୍ଜନ ସମୟ ।
କାହାର ବା ଇଚ୍ଛାଥିଲା
ଝଲ୍‌ମଲ୍ ତଲ୍‌ୱାର୍ ନେଇ
ଜରିର ପୋଷାକ ପିଂଧି
ସାମ୍ନାସାମ୍ନି ଭେଟିବାକୁ ଭୟଙ୍କର ମୁହୂର୍ତ୍ତମାନଙ୍କୁ ।
ପ୍ରତ୍ୟୟ ଓ ବିଶ୍ୱାସର ଉତ୍ତୁଗ ମନ୍ଦିରଚୂଡ଼ା
ଭଂଗିଯିବାପରେ । ଚିରଂତନ ବୈଧବ୍ୟର ଶୁଭ୍ରତାରେ
ନିଷ୍ଫଳ ଯନ୍ତ୍ରଣା ନେଇ ଅବସର୍ଣ୍ଣ ମ୍ଳାନ ସକାଳର
କ୍ଳାଂତ ପକ୍ଷୀମାନଙ୍କର ବିଷାଦ ଗୀତିରେ
ଏବଂ କେଉଁ ନିଷ୍ଠୁର ନିଷାଦ ନଗ୍ରରେ
କ୍ରୁଶବିଦ୍ଧ ହେବାପରେ ଅସହାୟ ଦ୍ୱିତୀୟ ଈଶ୍ୱର ।

କାହାର ବା ଇଚ୍ଛାଥିଲା ଜଳିବାକୁ
ନିସଂଗ ଏ ଉଦାସୀନ ଆକାଶରେ
ଏକାକିନୀ ତାରାଟିଏ ହୋଇ
ବର୍ଷ ବର୍ଷ ଯୁଗ ଯୁଗାନ୍ତର
ଗଣିଗଣି ଶୂନ୍ୟତାର ନିର୍ଲିପ୍ତ ପ୍ରହର
ଏବଂ ପ୍ରହରୀ ବେଷ୍ଟିତ ହୋଇ କିଏ ଅବା ଚାହିଁଥିଲା
ବଂଚିବାକୁ ଏ ପତିତ ପୃଥିବୀରେ ପାପର କଫିନ୍ ବୋହି
ହତ୍ୟାକାରି ଅଂତରଂଗ ଅନେକ ସ୍ମୃତିକୁ ।

କାହାର ବା ଇଚ୍ଛାଥିଲା
ନିସଂଗ ଏ ଉଦାସୀନ ଫୁଲ ବଗିଚାରେ
ଫୁଲ ହୋଇ ଫୁଟିବାକୁ
ଫୁଟି ପୁଣି ଝରିବାକୁ
ବିଷର୍ଣ୍ଣ ଋତୁରେ ? କିଏ ଅବା ଚାହିଁଥିଲା
ଅଶ୍ରୁହୋଇ ଝରିବାକୁ ଆକାଶର ବିସ୍ତୀର୍ଣ୍ଣ ଛାତିରୁ
ଅହଂକାରୀ ସମୟର ବାଲୁକା ବେଳାରେ ।

ସମ୍ରାଟ ହେବାକୁ ଏଠି କାହାର ବା ଇଚ୍ଛାଥିଲା
କଣ୍ଟାର ମୁକୁଟ ପିନ୍ଧି
ଯନ୍ତ୍ରଣାର ସୁବିଶାଳ ନଷ୍ଟ ସାମ୍ରାଜ୍ୟରେ ।

ଏକାନ୍ତ ବିଷାଦ

ସମୁଦ୍ରର ସେପାରିରେ କାହାର ସେ ନୂଆ କୋଠା
ସେଠି କ'ଣ ହଜାର ହଜାର ସୂର୍ଯ୍ୟ
ବନ୍ଦୀ ଏକ ଦର୍ପଣରେ ? ସେଠୁ କି ପଡ଼ିଛି ସିଡ଼ି
ଅମରାବତୀକୁ । ଓ ଖସିଲେ ନର୍କର ଅଂଧାର
ଅପବିତ୍ର ଇଚ୍ଛାମାନଙ୍କର ।
ମୁଁ ଦେଖୁଛି ସୂର୍ଯ୍ୟ ଏବଂ ସମୁଦ୍ରକୁ
ଯେଉଁ ସମୁଦ୍ରରେ କେବେ ମୁକ୍ତା ମିଳେନାହିଁ
ଓ ନିସଂଗ ନଈ
ପାରି ହୋଇଗଲାବେଳେ ଛୋଟ ଏକ କାଗଜର ନାଆ ନେଇ
ଶାମୁକାର କେଉଁ ଏକ ବର୍ଣ୍ଣାଢ଼୍ୟ ଓ ନିର୍ଜନ ଦ୍ୱୀପକୁ ।

ଏ ଆଖିର ସବୁ ଅଶ୍ରୁ ନଈ ହୋଇ ବହିଗଲାପରେ
ସଜନୀ ରେ । କାନ୍ଦିବାରେ ଆଉ କଣ ଅର୍ଥ ଥାଇପାରେ ?
ହଠାତ୍ ସମସ୍ତ ସୂର୍ଯ୍ୟ ବନ୍ଦୀ ହେବାପରେ
ଅନ୍ଧାରକୁ ଭୟକରି ଲାଭ କଣ ଆଲିପୁର ଚିଡ଼ିଆଖାନାରେ ?
ଯେଉଁଠି ହଜିଲା ଆମ ବହୁ ବିପଜ୍ଜନକ ବୟସ
ନାଳି ନେଳି ପ୍ରଜାପତି ତୋ ଆଖିର ନିସଂଗ ଆକାଶ
ଭଙ୍ଗା କଣ୍ଢେଇର ମୁହଁ ଶିକାରୀ ଚିଲର ନଖ କପୋତର ଡେଣା
ମୁଖା ଖୋଲି ଦେଲେ ଖାଲି ଖିନ୍‌ଭିନ୍ ନର୍କର ଯନ୍ତ୍ରଣା ।

ସଜନୀ ରେ ! ଆଜି ଯେବେ ପାରିହୋଇ ମାଲୁଣୀର କପଟ ସହର

ତୋ ଦେହର ଗନ୍ଧ ବାରି ଦୀର୍ଘତମ ପାପର ପାଚେରୀ ଲଂଘି
ମୁଁ ଫେରିଲି ବାଟବଣା ବାଟୋଇର ଗୀତପରି
ବର୍ଷା ଏବଂ ଫୁଲପରି । ଆଜନ୍ମର ଆତ୍ମୀୟତା ଭୁଲି
ଜିଦ୍‌ଖୋର ରଜାପରି ପାରିହୋଇ ମହାକାଳ
ଓ ମୃତ୍ୟୁର ଅସରଂତି ନିର୍ଜନ ପ୍ରହରୀ ସେତେବେଳେ
ଅଂଧାରରେ ସବୁକିଛି ସଂପର୍କିତ ଇଚ୍ଛାଙ୍କର ମୃତ୍ୟୁହୁଏ
ଏକାକାର ପାପପୂଣ୍ୟ ସ୍ୱର୍ଗନର୍କ ଚନ୍ଦନ ଓ ଝୁଣା
କେବଣ ହ୍ରଦରେ ଫୁଟେ ଲକ୍ଷେ ରକ୍ତପଦ୍ମ ହୋଇ
ରୁମାଲର ଫୁଲପରି ସ୍ମୃତିର ଯନ୍ତ୍ରଣା ।

ଦୁଇଟି ପୃଥକ୍ ଶୋକ

ତୋ ମୋ ସଂପର୍କର କାଚଘର ଭାଙ୍ଗିଗଲା ପରେ
ଆକାଶ ଦିଶେନା ନୀଳ । ସ୍ୱର୍ଣ୍ଣାତୁର କରେନାହିଁ ଜହ୍ନରାତି
ତୋ କନକ ଉରଜର ବର୍ଣ୍ଣମୟୀ ତିଳ ।
ବସଂତ ଆସଇ ଯେବେ ପୁରାତନ ଚିଠିସବୁ ଫେରାଇ
ନେବାକୁ, ନିସଂଗ ଲାଗଇ ମୋତେ । ଏକାନ୍ତ ଆଶ୍ଚର୍ଯ୍ୟ ।
ଏ ସହର ସାରା ଆଜି ଗଦାଗଦା ଦୁଃଖର ପ୍ରାଚୁର୍ଯ୍ୟ
ମଲ୍ଲୀହାର, ଅତର ଓ ଖିଲିପାନ ଦୋକାନରେ । ନିଆରା ହେଲା ତ ?
ନଈରେ ଟୋପାଏ ହେଲେ ପାଣି ନାହିଁ କାତ ବାରହାତ ।
ଗୋଟାଏ ପାଖରେ ସ୍ୱପ୍ନ ଆରପାଖେ ସ୍ମୃତିର ପ୍ରହରୀ ସବୁ
ଅକାଳେ ସକାଳେ କେବେ ଅକସ୍ମାତ ଦେଖାହେବା ବଡ଼କଥା ନୁହେଁ ।
ସବୁଠାରୁ ବଡ଼କଥା ନିଜନିଜ ଭୂମିକାରେ ଅଭିନୟ ପରେ ହଜିଯିବା
ଅକସ୍ମାତ ଲୋକ ଗହଳିରେ । ଏବଂ ମନସ୍ତାପ ମୋ ଭାଗ୍ୟରେ ଯା ଲେଖାଅଛି ।
ମୋ ସାମ୍ରାଜ୍ୟ ସାରା ଖାଲି ଶୀତର ରାଜୁତି
ଯେଉଁଠି ବଂଚିବା ଖାଲି ମୃତ୍ୟୁପରି ଯନ୍ତ୍ରଣାଦାୟକ
କେହି କି ବୁଝଂତି ଏହି ଯନ୍ତ୍ରଣାକୁ ? ମୋ ପାଇଁକି ଋତୁ ଏକ
ସେହି ଋତୁ ଏକଇ ପାପର ଋତୁ ଅହଂକାରୀ ଗୀତ ଶୀତଋତୁ ।
ସମୟ କି ସେତୁ ଏକ ନୀରବରେ ଝୁଲୁଥିବା ସଂଖ୍ୟାତୀତ
ଇଚ୍ଛାର ଛାଇକୁ
ଚେଷ୍ଟାକରେ ଯୋଡ଼ିବାକୁ ଏବଂ ତାପରେ ସମାଧି ନେବା
ସଫା ଧୋତି ପଂଜାବୀ ଭିତରେ ।
ସବୁକିଛି ଖାଲିଖାଲି ଲାଗେ ଆଜି ।

ଅନେକ ଶୋକର ଋତୁ ଚାଲିଯିବା ପରେ ।
କଫିନ୍ କାନ୍ଧେଇଯିବା କଷ୍ଟକଥା ।
ଏକଥା କି ଜାଣିଥିଲେ ନିଶାଖୋର ମାଲଭାଇମାନେ
ସୂର୍ଯ୍ୟାସ୍ତ ପୂର୍ବରୁ ଏବଂ ଚଂନ୍ଦ୍ରୋଦୟପରେ ।
ଏ ବର୍ଷରେ ଯେତେବେଳେ ଦେଖାହେବ
ଚନ୍ଦନ ଯାତରେ ମୋ କାଳିଆ ସାଆନ୍ତର ହାତେଥିବ
ମଲ୍ଲିମାଳ, ଚୁଆ ଚନ୍ଦନରେ ଅଂଗ ମହମହ ବାସୁଥିବ
ଚନ୍ଦନରେ ପଡ଼ିଥିବ ଚାପ ଓ ସୁଆର ବଡ଼ପଣ୍ଡାମାନେ
ତୋତେ ଚାହିଁ କାଳିଆ ରେ ! ଶୋକାର୍ତ୍ତ ହୋଇବେ ।
ସେତେବେଳେ ନିଶାଖୋର୍ ମାଲଭାଇମାନେ
ଫେରୁଥିବେ ସ୍ୱର୍ଗଦ୍ୱାର ଆଡୁ ପେଶାଦାର ରଜାପରି
ଆଖିରେ ଆଖିଏ ନିଦ ଆଳସ୍ୟର ମଦପିଇ
ସାମ୍ନାର ସମୁଦ୍ର ଖାଲି କଇଁ କଇଁ କାନ୍ଦୁଥିବ
କେଉଁ ଏକ ଅରକ୍ଷିତ ବୃଦ୍ଧର ମୃତ୍ୟୁରେ ।
ବୁଢ଼ାଟି ଶୋଇଛି ଧୀରେ ସମୟର କୋକେଇ ଭିତରେ
ଫେରିବାଲା ପସରାରେ ସହସ୍ର ଶୋକର ଋତୁ
କାଳିଆ ରେ! ହଜିଯାଏ ମୁଗ୍ଧ ବିସ୍ମୟରେ ।

■

ଓଡ଼ିଶା

॥ ଏକ ॥

ସେ ଏକ ଅଦ୍‌ଭୂତ ସ୍ୱର ଶୁଣାଗଲା
କେଉଁ ଏକ ଅଂଧାରୀ ମୂଳକେ
ଯେପରିକି ଶହ ଶହ ମାଣିକ୍ୟର ଦୀପ
ଏଇମାତ୍ର ଅପୂର୍ବ ଆଲୋକ
ଓଡ଼ିଶାର ମୁହଁପରି ଦିଶେ ।

ରାସ୍ତାରେ ରକ୍ତର ଫୁଲ ଲାଲ୍ ଲାଲ୍
ବିପ୍ଳବର ସ୍ୱରସବୁ ଯେପରି କି ସାଇରନ୍ ।
ମାନଚିତ୍ର ମୁହଁମାନ ଖୁବ୍‌ସଫା ଖୁବ୍ ପରିଷ୍କାର
ରାତ୍ରିର ଦର୍ପଣ ପରି । ଏବଂ ମୃତ୍ୟୁପାଇଁ
ବଂଚିବା ଅଦ୍ୟାପି । ନିଜର ସମସ୍ତ ଦୁଃଖ
କୃଷ୍ଣଚୂଡା ହୋଇ ଫୁଟେ ମୋ ରକ୍ତରେ
ମୋର ନିଶ୍ୱାସରେ । ଯନ୍ତ୍ରଣାର ମୁହୂର୍ତ୍ତରେ
ପରିଚିତ ମୁହଁମାନ ଓଡ଼ିଶାର ମୁହଁପରି ଦିଶେ ।

କାହିଁକି ତଥାପି ଆଜି ସୂର୍ଯ୍ୟର ଉଦୟ ହେଲା ।
ସବୁ ମୃତ୍ୟୁ-ପଥଯାତ୍ରୀ ଜୀବନର କୋରସ୍ ଗାଇଲେ
ବନ୍ୟା ବାତ୍ୟା ମରୁଡ଼ିରେ ମୋ ମାଟିର
ବିତଶୋକ କଂକାଳର ଛାଇ

ମୃତ୍ୟୁପରେ ଶୋକ ଆଉ କାହାପାଇଁ ?
କାହାପାଇଁ ପ୍ରଭୁ ଆଉ ସୁନାବେଶ ନରେନ୍ଦ୍ରରେ ଚାପ

ସମୁଦ୍ର ବାଲିରେ ଯଦି ପୋତିହେଲା
ପତିତପାବନ ବାନା । ଗଲାପୁତ୍ର ନଇଲା ବାହୁଡ଼ି
ମୋ ମାଆର କପାଳରୁ ଲିଭିଲା ସିନ୍ଦୁର ଦାଗ
ଦୁଇହାତ ଭଙ୍ଗାହେଲା ଚୁଡ଼ି ।

ମୋ କାନ୍ଥର କ୍ୟାଲେଣ୍ଡର୍ ଚେସ୍‌ବୋର୍ଡ଼ ମଦଗ୍ଲାସ୍
ଏବଂ ମୋର ବଗିଚାରେ ଫୁଲଗଛମାନଙ୍କରେ
ଇତସ୍ତତଃ ବିକ୍ଷିପ୍ତ ମୁଠାଏ ଶୋକ ।
ହେ ଈଶ୍ୱର ! ତୁମର ପ୍ରାର୍ଥନା ପାଇଁ କାହାର ଆଗ୍ରହ ନାହିଁ
କାହାପାଇଁ ଅଶ୍ରୁନାହିଁ ସ୍ୱେଦନାହିଁ । ସବୁକିଛି
ଶୂନ୍ୟଶୂନ୍ୟ ମହାଶୂନ୍ୟ ଠିକ୍ ତୁମ ଚକାଆଖିପରି
ହସ କାନ୍ଦ କରୁଣ ମୁହଁର ଯେତେ ମାନଚିତ୍ର ଆଶ୍ଚର୍ଯ୍ୟ ଆଲୋକେ
ଅଭାଗିନୀ ଓଡ଼ିଶାର ମୋ ମାଆର ମୁହଁପରି ଦିଶେ ।

॥ ଦୁଇ ॥

ତୋ ଲୁହରେ ମୋର ଲୁହ
ମୋ ରକ୍ତରେ ତୋହରି ରକ୍ତର
ଲକ୍ଷେଭାର ସୁନା ପଦ୍ମଫୁଲ ।
ଅନେଶତ ରାଣୀଙ୍କର ମଥାର ସିନ୍ଦୂର
ସୂର୍ଯ୍ୟହୋଇ ଜଳିଉଠେ
କାନ୍ଦ ନା ଲୋ ନିରିମାଖି ମାଆମୋର ।
ଗୋପପୁରେ ମୁଁ ବଢୁଚି ସଂତାନ ତୋ ଅଷ୍ଟମ ଗର୍ଭର ।
ମୋ କଣ୍ଠରେ ତୋହରି କଣ୍ଠର
ନାନାବାୟା ଗୀତନାହିଁ
ଅଛି ଏକ ଅନିରୁଦ୍ଧ ଝଡ଼ର ଝଙ୍କାର ।

କା ମୁହଁର ମାନଚିତ୍ର ପାପୁଲିରେ ମୋର
ଦୁଇଟି କରୁଣ ଆଖି ମମତାର ଛଳ ଛଳ
ଆଶ୍ଚର୍ଯ୍ୟ ଉଜ୍ଜ୍ୱଳ
ସେ କି ଅତି ଆପଣାର ମୋ ମାଆର
ମୋ ଦୁଃଖିନୀ ଓଡ଼ିଶାର
ଜଗା କାଳିଆର ।

ନିସଂଗ ଦୁଃଖର ଦିନ
ପୁନଶ୍ଚ ମୋ ଯନ୍ତ୍ରଣାର ଶୂନ୍ୟଗଳି ଶୂନ୍ୟରାସ୍ତା
ଶୂନ୍ୟସହରରେ ପକ୍ଷୀହୋଇ ଉଡ଼ିଯାଏ
ନଦୀହୋଇ ବହିଯାଏ । ଫୁଲହୋଇ ଝରିଯାଏ
ମାଆ ଲୋ ! ତୋ ପାଦତଳେ ପଣତ କାନିରେ
ମୁଁ ଅଝଟ ଶିଶୁଟିଏ ଛନ୍ଦିହୁଏ
ଧାନକ୍ଷେତ ବେଣାପାଟ କାଚକେନ୍ଦୁ ପୋଖରୀ ତୁଠରେ ।

ମୁଁ କି ତୋର ଚେତନାରେ ପୁନର୍ବାର ଜନ୍ମନିଏ
ଜନ୍ମନିଏ ପୁନରାୟ
ତୋହର ସେ ହୀରଣ୍ୟ ଗର୍ଭରୁ ।
ବାଇଶି ପାହାଚ ତଳେ ସ୍ଥିର ବୃଷ୍ଟି ଦଧିନଉତିରେ
ବାଇଶ ପାହାଚ ତଳେ ସ୍ଥିର ଦୃଷ୍ଟି ଦଧିନଉତିରେ
ଚିହ୍ନାଲୋକ ଗହଳିରେ
ନିରାପଦ ବିଶ୍ୱସ୍ତ ଆତ୍ମୀୟଭଳି
ଚତୁର୍ଦ୍ଦିଗ ଗାଢ଼ ବିଷର୍ଣ୍ଣତା
ଅହଂକାରୀ ମୃତ୍ୟୁ ଆସେ
ରୋଗେ ଶୋକେ ଜରାଜୀର୍ଣ୍ଣ ପୃଥିବୀର ନଷ୍ଟ ଆତ୍ମା
ଲୋଟିବା ପୂର୍ବରୁ । ଫୁଲର ପ୍ରତ୍ୟୟନେଇ
ତା ଦେହରୁ ଜ୍ୟୋତିନେଇ ତା ସ୍ତନରୁ କ୍ଷୀରଧାର ପିଇ
ମୁଁ ଚାଲିଛି ଯଂତ୍ରଣାର କଫିନ୍ କାନ୍ଧେଇ
ତୋ କୋଇଲି ବୈକୁଣ୍ଠକୁ

ବଡ଼ଦାଣ୍ଡ ଝାଉଁବଣ ସ୍ୱର୍ଗଦ୍ୱାର ଟପିଯିବା ଆଗୁ ଏହି
ନିଷିଦ୍ଧ ନଗ୍ରରୁ ।

ମୋ ମାଆ ତ ମାଗିଥିଲା
ଶରଧା ବାଲିରୁ ହାତେ
ଚକାଡୋଳା ! ବିନ୍ଦୁଏ ବିଶ୍ୱାସ
ସ୍ନେହର ପାତ୍ରରେ ତାର ତମେଇତ ଘୃଣାଦେଲ
ଈର୍ଷା ଦେଲ
ଦେଲ ଭରି ଯଂତ୍ରଣାର ବିଷ
ମୋ ମାଆର
ମୋ ଦୁଃଖିନୀ ଓଡ଼ିଶାର
ଓଠତଲୁ ଲିଭିଗଲା ହସ ।

ମୁଁ କେମିତି ଲେଉଟାଣି ବାଟେ ମୋର
ଆଶ୍ରା କରିଥାନ୍ତି ତୋତେ
ଗାଇଥାନ୍ତି ପ୍ରାର୍ଥନା ସଂଗୀତ
ମୁଁ କେହ୍ନେ ଯାଆନ୍ତି ଉଡ଼ି ।
ମୋ ମାଆର କୋଳଛାଡ଼ି
ଅବୋଧ କପୋତ !
ତୋ ଲୁହରେ ମୋର ଲୁହ
ମୋର ରୁଧିରେ ତୋହର ରୁଧିର
କାନ୍ଦନା ଲୋ ମାଆମୋର ନିରିମାଖି କାନ୍ଦନା ଲୋ ଆଉ ।
ମୁଁ ଆଣିଛି ପାଣିକାଚ ମୁଠାଏ ସିନ୍ଦୂର
ଏବଂ ଅସ୍ଥି ଦଧିଚୀର
ମୁଁ ବଢୁଛି ଗୋପପୁରେ ସଂତାନ ତୋ ଅଷ୍ଟମ ଗର୍ଭର ।

॥ ତିନି ॥

ମୋ ଶରୀରେ ଆତ୍ମା ତୋର
ତୋ ଆତ୍ମାରେ ମୋହର ଶରୀର
ଟକାଡୋଳା ଲୁହ ଛଳଛଳ ।

କୋଟିଏ ସନ୍ତାନ ଥାଉ
ଏକୁ ଏକ ମହାବଳିଆର
ଅନାଥିନୀ ମୋ ମାଆର
ମୋ ଦୁଃଖିନୀ ଓଡ଼ିଶାର
ଶୂନ୍ୟ ଭିକ୍ଷାଥାଳ ।
ବନ୍ୟା ଏବଂ ମରୁଡ଼ିରେ ଶୀର୍ଣ୍ଣକାୟା
ମୋ ମାଆର ସ୍ତନୁ ଆଜି
ଶୁଷ୍କ କ୍ଷୀରଧାର
ଅଭିଶପ୍ତ ଏ ମାଟିରୁ କିଏ ଆଜି ଲୁଟିନେଲା
ସୁନାର ଫସଲ
ଶୂନ୍ୟ ସବୁ କ୍ଷେତ ଓ ଖମାର
କାଳିଆ ରେ ତୋ ଲକ୍ଷ୍ମୀଭଣ୍ଡାର ।
ତଥାପି ଚାଲିଛି ଜଗା କାଳିଆରେ
ତୋତେ ନେଇ ବାଘବଂଦୀ ଖେଳ
ତୁ ଖେଳୁଛୁ ନରେନ୍ଦ୍ରରେ ଚାପ
ମୋ ରକ୍ତରେ ସଂକ୍ରମିତ କେଉଁ
ପିତୃ ପୁରୁଷର ପାପ ।
ଦୁଃଖିନୀ ମାଆ ଲୋ ମୋର କାନ୍ଦନା ତୁ
ମୁଁ ପୁଣି ଆସିବି ଫେରି
ମଥୁରାରୁ ତୋହରି କୋଳକୁ ।

ମୁଁ ପୁଣି ମାଗିବି ସର
ଲବଣୀ ତୋ କାନିଧରି
ମୁଁ ଶୋଷିବି ପୁତନା ପ୍ରାଣକୁ ।

ଅସ୍ୱୀକାର କରିସବୁ ପାପପୁଣ୍ୟ
ସ୍ୱର୍ଗ ନର୍କ
ସ୍ୱୀକାରୋକ୍ତି
ସବୁ ଅଂଗୀକାର
ମୁଁ ପୁଣି ଭୂମିଷ୍ଠ ହେବି ତୋର ଗର୍ଭରୁ ସୂର୍ଯ୍ୟଶିଶୁ
କ୍ରୁଶବିଦ୍ଧ ହୋଇ ବାରବାର
ମୁଁ ଭାଙ୍ଗିବି ହସ୍ତିନାକୁ ବାରୁଣାବନ୍ତକୁ
କାଳିଆରେ ବଡ଼ ଦେଉଳକୁ
ମୋ ମାଆର
ମୋ ଦୁଃଖିନୀ ଓଡ଼ିଶାର
ଲୁହଧାର ପୋଛିଦେବି
ଫିଙ୍ଗିଦେଇ ଦାସତ୍ୱର
କ୍ଲୀବତ୍ୱର
ପଥର ବୋଝକୁ ।

ମୋ ଶରୀରେ ଆତ୍ମାତୋର
ମୋ ଆତ୍ମାରେ ତୋହର ଶରୀର
ମୁଁ ଦୁର୍ବାର ଜଳସ୍ରୋତ ମହାନଦୀ
ସୁବର୍ଣ୍ଣରେଖାର
ମୁଁ ନିଶବ୍ଦ ପ୍ରତିଧ୍ୱନୀ ।
କୋଟିକୋଟି ପୀଡ଼ିତ ପ୍ରାଣର
ଦୁଃଖିନୀ ମାଆଲୋ ମୋର
ତୋର ଶୋକ
ତୋର ଯନ୍ତ୍ରଣାରେ ।

ଲକ୍ଷ୍ମୀ ଭଣ୍ଡାରରେ ଆଜି କଣିକାଏ ଖୁଦନାହିଁ
ଛପନ ପଉଟି ଭୋଗ କାଳିଆରେ କାହୁଁ ଦେବି ଆଣି ।
ଚାରିଆଡେ ମରଣର କଳାଛାଇ ମୃତ୍ୟୁର ରୋଷଣୀ
ଇଚ୍ଛାମୃତ୍ୟୁ କିଏ ଅବା ଲୋଡ଼ିଥିଲା ।

କଣିକାଏ ତୋ କୈବଲ୍ୟପାଇଁ
ମୁଁ କିମ୍ବା କହିବି ତୋତେ ଚକାଡୋଳା
ନିଃସହାୟେ ଚାହିଁ
ବଡ଼ଦାଣ୍ଡେ ଫିଙ୍ଗିଫିଙ୍ଗି ଖଇ ଓ କଉଡ଼ି
ସ୍ୱର୍ଗ ମୋର ଲୋଡ଼ାନାହିଁ
ନିଜ ଶବ ନିଜେ ବୋହି
ଯିବିପଛେ ରୌରବ ନର୍କକୁ
ପୁଣ୍ୟସିନା ବାଣ୍ଟିହୁଏ ମାଆଲୋ ତୁ କହିଯାଆ
ଏ ଦେଶର
ଏ ରକ୍ତର
ପାପ ଦେବି କେଉଁ ନିର୍ବୋଧକୁ ।

ବିଶାଖାମିତ୍ର

॥ ଏକ ॥

ଏକ ଯେ ଆକାଶ । ରିମ୍‌ଝିମ୍ ବର୍ଷାର ଆକାଶ ଏବଂ ଉଲଂଘତା
ପୌରୁଷର ଅହଂକାର । ଅଥବା ପ୍ରେମମାନେ
ଜଳବିମ୍ବ । ଅନ୍ୟାର୍ଥରେ ଆକାଶମାନେ
ବିଶାଖାମିତ୍ରର ଶାଢ଼ୀ ।
କିଛିଟା ରେଶମ ସୁତାର କାରୁକାର୍ଯ୍ୟ କିମ୍ବା ମୁକ୍ତି ।
ଏଇଯେ ସକାଳ । ମାନେ ଶାନ୍ତ ଉଜ୍ୱଳ ସକାଳ
ଏକ ଉଚ୍ଛୃଂଖଳ ରତି
ନାରୀତ୍ୱର ଅଭିମାନ । ଅଥବା ରତିମାନେ
ଉତ୍ତେଜନା । ଅନ୍ୟାର୍ଥରେ ସକାଳମାନେ
ବିଶାଖାମିତ୍ରର ଅନାବୃତ ଦେହ ।
କିମ୍ବା ତାର ଅତୁଳନୀୟ ସ୍ତନର ଲାବଣ୍ୟ ।
ଖଜୁରାହୋଇ ମିଥୁନ ମୂର୍ତ୍ତି କିମ୍ବା କୋଣାର୍କର
ଏଇ ଯେ ବିଶାଖାମିତ୍ରମାନେ ଉତ୍ତେଜନା ଏବଂ ନିଆଁ
ଅଥବା ବିରହ । ଏବଂ ବିଶାଖାମିତ୍ରର
ଚିବୁକର ତିଳଚିହ୍ନ ।
ତାର ସୁନାର କେଶର ଅରଣ୍ୟରେ
ବାହାରର ପ୍ରାଚୁର୍ଯ୍ୟ କିମ୍ବା ଆଲୋକର ।
ଏଇ ଯେ ସହର । ମାନେ ବିଶାଖାମିତ୍ରର ସହର
ଏବଂ ଝିଲିମିଲି ଜ୍ୟୋତ୍ସ୍ନା ।

ଅନ୍ୟାର୍ଥରେ ନିବିଡ଼ ଆତ୍ମୀୟତା ।
ପ୍ରେମମାନେ ହିଁ ତ ଉତ୍ତେଜନା
ଏବଂ ନିଆଁ
ବିଶାଖାମିତ୍ର । ହେ ମୋର ହୃଦୟେଶ୍ୱରୀ !
ତମର ଜୟହେଉ । ତମ ପ୍ରେମର ଜୟହେଉ ।
ତମ ନାରୀତ୍ୱର ଜୟହେଉ ।

॥ ଦୁଇ ॥

କିଏ କେମିତି ଅଛନ୍ତି
ତମେ କେମିତି ଅଛ ବିଶାଖାମିତ୍ର ?
ତମ ସହରରେ ଆଜି ପ୍ରଚୁର ନିର୍ଜନତା ଅଂଧକାର
ମୁଁ ଏଠି ଆଦୌ ଭଲନାହିଁ ।
ଭଲନାହିଁ ବୋଲି ତ ଏତେ ଯନ୍ତ୍ରଣାର ଜଲ୍‌ସା
ମୋର ହୃଦୟରେ । ତୁମର ଅନ୍ୟମାନଙ୍କର
ବୈଠକଖାନାରେ । ଦର୍ପଣରେ
ତମର ନିଷ୍ପାପ ଚେତନାରେ ।

କିଏ କେମିତି ଅଛନ୍ତି ?
ପୋଷ୍ଟମ୍ୟାନ୍ ଅନ୍ଧ ଏବଂ ଫେରିବାଲା
ସେମାନଙ୍କର ଧୂସର ହସରେ
ଅନେକ ବିବର୍ଣ୍ଣ ଶାଲୁକ୍ ଫୁଲର ପାଖୁଡ଼ା ।
ମୁଁ ଏଠି ଆଦୌ ଭଲନାହିଁ । ମାନେ
ଯେମିତି ମୁଁ ନଈରେ ଭାସୁଥିବା
ତମ ବେଣୀର ମଲ୍ଲୀମାଳ ପରି ନିସଂଗ
କେବଳ ଏକ ଅସ୍ପଷ୍ଟ ଅନୁଭବ
ଅନ୍ଧକାର ନିର୍ଜନତାର ମର୍ମର ।

ବିଶାଖାମିତ୍ର ! ପ୍ରାଣ ପ୍ରିୟତମା ମୋର
ତମଠୁ ଶିଖିଛି ମୁଁ ନାରୀ ଦେହର ରହସ୍ୟ ।
କି ଆଶ୍ଚର୍ଯ୍ୟ ନୁହେଁ ? ତମର ସେ ସହର
ଆଉ ଶାଳଫୁଲର ଅରଣ୍ୟମାନେ ।
ଦୀର୍ଘତର ପ୍ରତୀକ୍ଷାର ମୁହୂର୍ତ୍ତସବୁ
ବଡ଼ ମର୍ମନ୍ତୁଦ । ତମର ହସପରି ଉତ୍ପୀଡ଼କ ।

ମୁଁ ଏଠି ଆଦୌ ଭଲ ନାହିଁ ।
ତମେ କେମିତି ଅଛ ବିଶାଖାମିତ୍ର ?
କେବଳ ମୁଁ ଜାଣିବାକୁ
ଚାହେଁ ତମର ସେ ସହରରେ
ଦୁଃଖ ଅଛି କି ନା ?
ବିଶାଖାମିତ୍ର ! ବୋଧହୁଏ ତମେ ମୁଁ ଆମେ ସମସ୍ତେ
ଗୋଟାଏ ଗୋଟାଏ ନିଃସଂଗ ନାଆଁ ହୋଇ
ଝୁଲୁଥିବା ଶୂନ୍ୟ ପୋଷ୍ଟରରେ
ତମ ଅନାମିକା ସହରର ବିବର୍ଣ୍ଣ ସନ୍ଧ୍ୟାରେ ।

ନରକ ଗୁଲ୍‌ଜାର୍

କାଚ ଝର୍କାର ଆର ପାଖରେ ଅସତ୍ୟ ଉପତ୍ୟକା ।
ଚାରିକାନ୍ଥୁ ଡେଇଁଗଲେ ଖାଲି ଭୟ ଏବଂ ଭୟର ସାମ୍ରାଜ୍ୟ
ମହାବାହୁ ! ଆଉ କେଉଁ ରାଜ୍ୟକୁ ମୋତେ
ନିର୍ବାସିତ କଲେ ତୁମେ ସୁଖୀହେବ ?
ଆଉ କେତେ କାଳ କ୍ରୁଶବିଦ୍ଧ ହେବ ମୋର ତୃତୀୟ ତନୟ ।

ସେ କେଉଁ ଗୁଲ୍‌ଜାର୍ ନରକ ମହାପ୍ରଭୁ !
ଯେଉଁଠି ସୂର୍ଯ୍ୟ ଆଉ ଚନ୍ଦ୍ର ପରି ତମର ଦୁଇ ଚକାଆଖିର
ଏକାଂତ ସୁନ୍ଦର ଓ ବ୍ୟାପକ ଶୂନ୍ୟତା ଓ ମୋ ପ୍ରେମିକାର
ରୂପାର ଅଣ୍ଟାସୁତାପରି ତମର ଏ ଚେନାଏ ହସ
ତମ ଦେହର ସୁଗଂଧି ଓ ଅନ୍ଧାର ସୁଡ଼ଙ୍ଗ
ସବୁ ତ ମୋ ପାଇଁ ଆଜି ଭୟଙ୍କର
ଶୀତପରି ଏବଂ କ୍ରମାଗତ ଶୀତ ଆସେ ଚାଲିଯାଏ
ଗତ ରାତ୍ରିର ପାଲଟା ଓ ଚଉତା ଶାଢ଼ୀରେ
କେଉଁ କିଆବଣର ସାପ ପଶିଆସେ
ତିନି ତାଲାର ନିବୁଜ ଘରକୁ । ମୋ ରକ୍ତରେ
କେଉଁ ନପୁଂସକର ରକ୍ତ ମିଶି ଏକାକାର ।
ଆଖି ଖୋଲିଦେଲେ ଖାଲି ଲମ୍ଭି ଆସେ
ନିଶାଦର ହସପରି ଖାଲି ଲମ୍ଭି ଆସେ
ନିଶାଦରର ହସପରି ବୈଶାଖର କ୍ରୁଦ୍ଧ ହାହାକାର
ପବନରେ ଦୁଃଖ ଏବଂ ଦୀର୍ଘଶ୍ୱାସ ଅଜସ୍ର ପକ୍ଷୀର ।

ଯେ କେଉଁ ଗୁଲ୍‌ଜାର୍ ନରକ ମହାପ୍ରଭୁ !
ପାଟରାଣୀ ଓ ମାଲ୍ୟାଣୀର ଉଲଗ୍ନ ଦେହରେ ମୁଖରିତ ମଧୁଶାଳା
ଏବଂ ସୁନାର ବଳୟପରି ସୁରାର ପିଆଲା
ସାକୀର ପପିହାକଂଠେ ହଂସଧ୍ୱନି ବର୍ଣ୍ୟ ଫାଲ୍‌ଗୁନର ।
ଆଉ ମୋ ରକ୍ତରେ କେଉଁ ଗଣିକାର ରକ୍ତମିଶି ସ୍ୱର୍ଣ୍ଣପଦ୍ମ ଫୁଟେ
କେଉଁ ଗୁମ୍‌ରାହା ଭଅଁର ପଦ୍ମଗନ୍ଧେ ମତ୍ତହୋଇ
ରାତିମାପେ କେଉଁ ଏକ ନିଶିଦ୍ଧ ଲଗ୍ନରେ ।

ଏଠି ଯଦି ପାପ ବୋଲି କିଛି ନାହିଁ
ଖାଲି ଘୃଣା ଏବଂ ଅହଂକାରର ଝକ୍‌ମକ୍ ତଲ୍‌ୱାର୍
ଝୁଲେ ପବନରେ । ସେଠି ନିସଂଗ ସମ୍ରାଟ ହୋଇ
କଣ୍ଟାର ମୁକୁଟ ପିନ୍ଧି ବସିବା କି ଭୟଙ୍କର
ପୁନଶ୍ଚ କେତୋଟି ଋତୁ ବସନ୍ତ ଓ ଶୀତ ।
ଯେହେତୁ ଶୀତଋତୁପରି ଭୟଙ୍କର ଋତୁ କିଛି ନାହିଁ
ଯେଉଁ ଋତୁ ପଦ୍ମବନ ଢାଳିଦିଏ କାର୍ତ୍ତିକର ହିମେ
ଶୀତଋତୁ ଆସେ ଏବଂ ଚାଲିଯାଏ ମୋ ସାକୀର
ପାଲଟା ଶାଢ଼ୀରେ ।

ଯେ କେଉଁ ଗୁଲ୍‌ଜାର୍ ନରକ ମହାପ୍ରଭୁ !
ଯେଉଁଠି ଆଖି ଖୋଲିଦେଲେ ଦିଶେ ପ୍ରେମିକାର ନିଜସ୍ୱ ସହର
ଏବଂ ମୋର ଦର୍ପଣରେ କ୍ରୁଶବିଦ୍ଧ ମୋ ତୃତୀୟ ତନୟ
ଓ ଈର୍ଷାନ୍ୱିତ ଦ୍ୱିତୀୟ ଈଶ୍ୱର ।

ତୁମକୁ : ଯନ୍ତ୍ରଣାକୁ

ତୁମ ହାତରୁ ମୋର ମୁକ୍ତିକାହିଁ-
ମୁଁ ଆହତ ।
ତମରି ଆଲିଙ୍ଗନରେ ମୋର ସମସ୍ତ ସ୍ୱପ୍ନ ବନ୍ଦୀ
ମୁଁ ଏକ ପରାହତ ମାଟାଡର୍
ତମର ମୁଖୋସ୍‌ପିଂଧା ରୂପକୁ ମୁଁ ଭୟକରେ
ଯେମିତି ମୁଁ ଭୟକରେ ବସନ୍ତକୁ । ବିଶ୍ୱାସକୁ ଏବଂ
ତୁମକୁ : ତୁମକୁ : ତମର ହଟକାରିତାକୁ ।

ମୋର ଚାରିପାଖରେ ଏକ ଅଦୃଶ୍ୟ ପ୍ରାଚୀର
ସହରର ଚାରିପାଖେ ନିବିଡ଼ ଅରଣ୍ୟ
ଅରଣ୍ୟକୁ ଘେରି ରହିଛି ସାରିବଂଦୀ ପାହାଡ଼
ରୁକ୍ଷ ଫସଲହୀନ ବଂଜର୍ ଭୂମିରେ ଘାସ ନାହିଁ ଜଳ ନାହିଁ
ଜୀବନ ନାହିଁ : ବଂଚି ରହିବାର ଅର୍ଥନାହିଁ
ଏକ ଶୂନ୍ୟ ହାହାକାର । ପିପାସା-
ବରଫର ଜ୍ୱଳନ୍ତ ହାତ ଲମ୍ବି ଆସେ
ମୋର ନିର୍ଜନ ପଲଙ୍କକୁ । ସାଇଁ ସାଇଁ ପବନ
ତୀକ୍ଷ୍ଣ ଛୁରୀଭଳି ମୋତେ ରକ୍ତାକ୍ତ, କ୍ଷତବିକ୍ଷତ କରେ
ଅଚିହ୍ନା ମଣିଷର ଶବବୋହି
ଆଉ କେତେ ଦୂର ଯିବାକୁ ପଡ଼ିବ
କେତେଦୂର ବିସ୍ତାରିତ ତୁମର ପାପର ସାମ୍ରାଜ୍ୟ ପ୍ରଭୁ !

ମନ୍ଦିରର ଭଙ୍ଗା ଦଧିନଉତି ମୋ ଝର୍କାର ଆରପାଖରେ ପଡ଼ିଛି
ଏକ ଅଦ୍‌ଭୁତ ରାକ୍ଷସର କବଂଧ ପରି
କୁତ୍ସିତ, କଦାକାର । କେବଳ ମୃତ୍ୟୁର ଆତଙ୍କ । ପିଂଗଳ
ମେଘହୀନ ଆକାଶରେ ଝୁଲୁଛି ଅନେକ
ଅନେକ ମୃତ୍ୟୁ ପକ୍ଷୀର ଡେଣା । ତମ ମନ୍ଦିରର ଚିରାଳ ପରି ।

ପୃଥିବୀର ଶୁଖିଲା ମୁହଁରେ ଦୁଃଖର ଦାଗ
କ୍ଷୁଧାଉର ହାତରେ ଶୂନ୍ୟଥାଳ ଚାରିଆଡ଼େ
ଘୃଣା, ଈର୍ଷା ଆଉ ନିଷେଧର ଅଲଂଘ୍ୟ ପ୍ରାଚୀର
ଫୁଲହୀନ ଲତା, ଗଂଧହୀନ, ରୂପହୀନ, ସ୍ପର୍ଶହୀନ
ଏକ ପଚମାନ ଜୀବନ ଆଖିରେ ଦୁଃସ୍ୱପ୍ନ
ଭୟାବହ ପ୍ରେତର ଛମ୍‌ଛମ୍ ନାଚ ।

ମୋତେ ଏ ଅସହ୍ୟ ଯନ୍ତ୍ରଣାରୁ ମୁକ୍ତି ଦିଅ ପ୍ରଭୁ
ମୃତ୍ୟୁ ଯଦି ସେହି ମୁକ୍ତି ମୋତେ ମୃତ୍ୟୁ ଦିଅ
କେବଳ ମୁଁ ତୁମ ହାତରୁ ମୁକ୍ତି ଚାହେଁ / କାରଣ
ମୁଁ ଯନ୍ତ୍ରଣାରେ ଛଟପଟ ଏକ ମାଟାଡର୍
ଏକ ଅସଫଳ ଜୀବନର ରକ୍ତାକ୍ତ ଭଗ୍ନାଂଶ
ତମର ଉଦ୍ଧତ ଶିଂଗ ତଳେ ସନ୍ତ୍ରସ୍ତ, ନତଜାନୁ ।

ଆସନ୍ନ ଋତୁ

ତୁମ୍ ଗାଲରେ ଦି'ପହର କରା ପଡ଼ିଛି
ତୁମେ ହାତରେ ଅଦୃଶ୍ୟର ଫୁଲଶର ଧରି
ଏକ ଶରଣାଗତ ଶତ୍ରୁର
ପ୍ରତିଦ୍ୱନ୍ଦିତା ପାଇଁ ଠିଆ ହୋଇଛି
ଅହଂକାରୀ ରାଜରାଣୀର ପରିପାଟୀରେ
ତୁମ୍ ଗାଲରେ ଦ'ପ୍ରହର ଖରା ପଡ଼ିଛି ।

ତୁମ୍ କପାଳରେ ସକାଳର ସୂର୍ଯ୍ୟ
ଉଇଁବାର ଦୃଶ୍ୟ ସତରେ କେଡ଼େ ଚମତ୍କାର !
ତମ ହାତରେ ମେହେନ୍ଦୀ ରଙ୍ଗରେ
ଝଲମଲ ରାତ୍ରୀର ଅଗଣା
ତମରି ଓଠର ଜବାଫୁଲରେ
ଲାଲେଲାଲ୍ ବସଂତ ।

ଚାରିପାଖରେ ନାଲି ଅବିର ଫିଙ୍ଗି
ତମେ ହୋରୀ ଖେଳିବା ପାଇଁ
କେଉଁ ଦାମ୍ଭିକ ସମୟକୁ
କାଠଗଡ଼ାରେ ଠିଆ କରିଛ ।

ତମ ଗାଲରେ ଦି'ପହର ଖରା ପଡ଼ିଛି
କେଉଁ ଅନାମିକା ପ୍ରେମିକର

ଚିଠି ପଢ଼ି ପଢ଼ି ତମେ ଉଲ୍ଲସିତ କୁହ ତ ।
କ୍ୟାଲେଣ୍ଡର୍‌ର ପୃଷ୍ଠା ସବୁ ସରିଯିବା ପରେ
କେବଳ ସାଦା ଦିବାଲ୍ । ସାଦା ଦିବାଲ୍ । ସାଦା ଦିବାଲ୍ ।

ତମ ଗାଲରେ ଦି'ପହର ଖରା ପଡ଼ିଛି
ଏବଂ ତମେ ଏକ ଅଦୃଶ୍ୟ ନାଲି ରିବନ୍‌ରେ
ବେଣୀ ବାନ୍ଧି ପ୍ରତିଦ୍ୱନ୍ଦିତା ପାଇଁ
ଅପେକ୍ଷା କରିଛ ଏକ ଆସନ୍ନ ସପ୍ତମ ଋତୁର ।

ସ୍ୱାର୍ଥପର ଈଶ୍ୱର

ସ୍ୱାର୍ଥପର ଈଶ୍ୱରଙ୍କୁ ଡାକିବାରେ
ଲାଭ କଣ ? ଡାକବାଲା ଚିଠିଦେଇ
ଫେରିଯିବା ପରେ ନିଃସଂଗ ଘରକୁ
ଏବଂ ଫେରିବାଲା କଂଢ଼େଇମାନଙ୍କ ସହ
ନିଜସ୍ୱ ଦୁଃଖକୁ ରେସମ ସୂତାରେ ବାଂଧି
ଫିଙ୍ଗିଦେଇ ଯିବା ପରେ
ନିଛାଟିଆ ସମୁଦ୍ର କୂଳରେ ।

ଦ୍ରୌପଦୀର ଚିରା ଶାଢ଼ୀରେ
କେଉଁ ବିଶ୍ୱାସ ଓ ଲଜ୍ଜାକୁ ଢାଂକି ହେବ ଯେ
ସମସ୍ତ ଇଚ୍ଛାକୁ ହ୍ୟାଂଗର୍‌ରେ ଝୁଲେଇ ଦେଇ
ଚୁପ୍‌ଚାପ୍ ଶୋଇଯିବି ଶୋକାତୀତ
ଅଦୃଶ୍ୟ ମୁହୂର୍ତ୍ତର ନିଷିଦ୍ଧ ଶେଯରେ ।
ପ୍ରତିଦ୍ୱନ୍ଦିତାରେ ହାରିଯିବା ପରେ
କେଉଁ ମନ୍ଦିରର ଦ୍ୱାର ଖୋଲିହେବ ।
କାହାକୁ ବା ବିନା ସର୍ତ୍ତ ବାଜି ରଖି
ଚଢ଼ିଯିବି ବାଇଶି ପାହାଚ ?

ଚୌରାସ୍ତାରେ ଟ୍ରାଫିକ୍ ପୋଲିସ୍
ହାତ ଦେଖାଇଲେ
ପାପର ହିସାବ ଖାତା । କାନ୍ଥ ଘଣ୍ଟା

ଚିହ୍ନା ମୁହଁ, ଇସ୍ତ୍ରୀକରା ପୋଷାକରେ
ଥମକି ରହିବା ଛଡ଼ା ଚାରା କଣ ?
ନିରାନଂଦ ସମୟର ବ୍ୟର୍ଥ ପ୍ରତୀକ୍ଷାରେ ।

ଭଂଗା ଦର୍ପଣରେ
ସମୟର ଅପରାଧି ମୁହଁ
ଆଲୁଅ ଓ ଅଂଧାରର ଅବୈଧ ସଂପର୍କ
ପାଶୋରି ଯାଇଯିବା ସ୍ମୃତିମାନଙ୍କର
ଅଦୃଶ୍ୟ ହାତ ଧରି
ଓହ୍ଲାଇ ଯିବାଛଡ଼ା ମୁକ୍ତି କାହିଁ
ନରକର ପ୍ରଶସ୍ତ ପଥକୁ ।

ଆଉ କେହି ନିଷ୍ପତ୍ତିର ଅପେକ୍ଷାରେ
ବନ୍ଦ କରି ସାରିବଂଦି ଦରଜା ଝରକା
ସୁନ୍ଦର ସକାଳ ଏବଂ ଆସନ୍ନ ମଧ୍ୟାହ୍ନ
ହାରି ଦେବି ଚିହ୍ନିବାକୁ
ସତ କିଏ, କିଏ ମିଛ
କିଏ ଅବା ପ୍ରାଣର ଦୋସର
ବିବେକ ନା ସ୍ୱାର୍ଥପର ଈଶ୍ୱର ।

ଋତୁପତ୍ର

ବୟସ ନିହାତି ଧୂର୍ତ୍ତ । ଅକାରଣ
କନ୍ଦାଏ ବହୁତ । ଏବଂ ଫୁଲର ପସରା ନେଇ
ଏଇ ଆସେ ମାଲ୍ୟାଣୀର ଖୋସାରେ ଖୋସାରେ ।
ଶୀତ, ଅଥଚ ବସନ୍ତ ବାହୁଡ଼ା ପରେ
ସର୍ତ୍ତଥିଲା ସେ ଆସିବ ଚଢ଼ି ତାର ସୁନା-ସବାରୀରେ
ଚନ୍ଦ୍ରଲତା । ସମସ୍ତଙ୍କୁ ବିଶ୍ୱାସ କରିହେବ
କିନ୍ତୁ ବୟସକୁ ନୁହେଁ ଯେହେତୁ
ବୟସ ହୁଡ଼ାଏ ବାଟ
ଏବଂ ବାଟ ହୁଡ଼ିଗଲା ପରେ
ଅଯାଚିତ କନ୍ଦାଏ ବହୁତ ।

ପାପକୁ ବାଣ୍ଟିବା ଏଡ଼େ ସହଜ କଥା ନୁହେଁ ଯେ
ଫଗୁଣର ଫେରିବାଲା ଫେରିଗଲା ପରେ
ଅପରାହ୍ନର ଛାଇ ପରି ଓହ୍ଲେଇ ଯିବି
ତୁମର ମାଳତୀ ଫୁଲଫୁଟା ଅଗଣାକୁ ।
ତମେ ତ ଋତୁର ଚଢ଼େଇ । ଗୀତ
ପଦେଅଧେ ଗାଇଥିଲେ ତ କୌଣସି କ୍ଷତି ନ ଥିଲା ?
କାରଣ ଶୀତ ଆସିଗଲେ ବୁଢ଼ାଲୋକମାନେ
ଖରାକୁ ପିଠିକରି ନିଶ୍ଚୟ ବସିବେ । ତୁମେ
ଉଲ୍ ବୁଣିବ ଅବୈଧ ଇଚ୍ଛାର କଣ୍ଟାରେ,
ଆଉ ମୁଁ ମୋର ହୃଦୟକୁ ହାତ ପାପୁଲିରେ

ରଖି ସନ୍ଧ୍ୟାଯାଏ ବୁଲୁଥିବି, କାଳେ ତୁମେ
ମିଳିଯିବ ଗୋଲ୍ ବଜାର୍ ଛକରେ
ତମର ଏକାନ୍ତ ପ୍ରହରୀ ସ୍ୱାମୀଙ୍କ ସହ ଏବଂ
ମୁଁ ସମର୍ପି ଦେବି ମୋର ପ୍ରୀତିର ଅସର୍ପି ।
ଶୀତ ଆସିଲେ । ଏବଂ ପତ୍ରଝରା ଦେଇ
ରିକ୍ତ ହେଲେ ତୁମର ଶରୀର ।

ଶଂଖଫୁଲ

ଏଥର ଫୁଲ ଫୁଟିଲେ ମୁଁ ନିଶ୍ଚୟ
ତମ ପାଇଁ ଚାଂଗୁଡ଼ିଏ
ଫୁଲ ନେଇଯିବି । କାରଣ
ଫୁଲ ବି ଗୋଟିଏ ପ୍ରକାର ନିଆଁ
ଯାହା ନିର୍ଲିପ୍ତ ମହୁମାଛି ଓ
ଅସହାୟ ପ୍ରଜାପତିମାନଙ୍କୁ ଜାଳିପୋଡ଼ି ମାରେ ।

ଉଦ୍ଧତ ପବନକୁ ଲାଜ କଣ ?
ସେ ତ ଯେ କୌଣସି ମୁହୂର୍ତ୍ତରେ
ତୁମକୁ ଉଲଗ୍ନ କରିପାରେ ।

ଏଥର ଭେଟହେଲେ ଦୁଃଖକୁ
ପଚାରିବି, ଅଚାନକ ଏମିତି ଆସିବାର
କି ଉଦ୍ଦେଶ୍ୟ ଥାଇପାରେ
ଏକେଲା, ନିଃସଂଗ ଝିଅଟିଏ ପରି
ହାତରେ ଧରି ଶଂଖଫୁଲ / କୁହୁକ ଚାଉଁରୀ ।

■

ଶୀତଋତୁ

॥ ଏକ ॥

ଶୀତ ଋତୁ ଆସିଛି ଶାଳପତ୍ରର ଚିକ୍‌ଚିକ୍ ପୋଷାକ ପିଂଧି
ଝରାପତ୍ରର ଶୋକାର୍ତ୍ତ ମୁହୂର୍ତ୍ତମାନ
ମ୍ଳାନ ହଳଦୀ ରଂଗର ଖରାପରି
ଚାରିଆଡ଼େ ଝିଲିମିଲି ।

ଅରଣ୍ୟର ନିଃଶବ୍ଦ ଡାକବଂଗଳା
ସୁନା ରଂଗର ଧାନ କ୍ଷେତରେ ଶୋଷର ସମୁଦ୍ର ।

ତ୍ରସ୍ତ ଓ କାତର ହଳଦୀ ବସନ୍ତ ଉଡ଼ିଯାଏ
ଏ ଗାଆଁରୁ ସେ ଗାଆଁକୁ ।

ଠିକଣା ଲେଖା ନଥିବା ଅଲିଖିତ ସର୍ତ୍ତର
ଅନେକ ଚିଠି ନେଇ ଛୁଟିଦିନ ଆସେ ।

ରୂପା ରଂଗର ପାଲିଙ୍କି ଚଢ଼ି କିଏ ଅପେକ୍ଷା କରେ
ମହାକାଳର ନିର୍ଦ୍ଦେଶକୁ ।

ବିଧବାର ହସ ପରି ଝରି ପଡୁଥିବା ଫୁଲର
ପାଖୁଡ଼ାରେ ସଂଭ୍ରାନ୍ତ ସକାଳ
ଅତିକ୍ରମ କରିଯାଏ ଉପେକ୍ଷିତ ବର୍ଷ ଓ ବୟସକୁ ।

କୁହୁଡ଼ିର ଶୁଭ୍ର ଚାଦର ଫିଙ୍ଗିଦେଇ
ବିସ୍ମିତ ମୁହୂର୍ତ୍ତମାନ ଶେଷ ରାତ୍ରିର
ଡାଉନ୍ ଟ୍ରେନ୍ ଚାଲିଯିବା ପରେ ପୁନରାୟ
ଫେରି ଆସିନ୍ତି ଶୂନ୍ୟ ଓ ନିର୍ଜନ ପ୍ଲାଟଫର୍ମକୁ
ନିଷ୍ପାପ ଶିଶୁ ଭଳି । ଏକାକୀ ଈଶ୍ୱର
ଶୋକାଗ୍ରସ୍ତ ବୁଢ଼ାଟିଏ ପରି
ଅନୁଚ୍ଚାରିତ ମନ୍ତ୍ରର ଅଶ୍ୱସ୍ତି ନେଇ
ଶୋଇ ରହନ୍ତି ଅନନ୍ତ ଶୟନରେ
ପ୍ରାର୍ଥନାର ଶେଷ ମୁହୂର୍ତ୍ତରେ ।

ନିର୍ଜନତା ନଈ ହୋଇ ବୋହିଯାଏ
ତମରି ଗାଆଁର ସେହି ନିର୍ଜନ ଦ୍ୱୀପକୁ ।
ତମରି ଗାଆଁ ତ ସେହି ଶୁଆ ରଂଗର ଦ୍ୱୀପ
ଯେଉଁଠି ଅଭିଶପ୍ତ ନିର୍ବାସନକୁ ଭୁଲି ହୁଏ
ଅହଂକାର ପଦ୍ମ ପୋଖରୀର
ଚହଲା ପାଣିରେ ମୁହଁ ଦେଖିହୁଏ ଅନ୍ତରଂଗ ଭାବରେ ।

ମନ୍ଦିର-ଗାତ୍ରରେ କୁଣ୍ଠିତ ପାପର
ସ୍ୱୀକାରୋକ୍ତି ଲେଖିହୁଏ / ଏବଂ
ପ୍ରତୀକ୍ଷା କରିହୁଏ ଆଉ ଏକ ନିସଂଗ ଶୀତ ଋତୁକୁ ।

॥ ଦୁଇ ॥

ଏଇ ତ ସେଇ ପରିଚିତ ରାସ୍ତାରେ
ଯିବା ଆସିବା ଘରକୁ, ଶୋକର ସମୁଦ୍ରକୁ
ପାରିହୋଇ ଖରା ପରେ ପରେ
ଶୀତର ସହର । ଆଉ ଏକ ନିଷ୍ପାପ ସକାଳ
ଓ ସୂର୍ଯ୍ୟୋଦୟ । ହସ ଖୁସିର ନିରୁପିତ ସମୟ
ଏବଂ ଏକାକୀ ଈଶ୍ୱର ସହସ୍ର ଶଂଖଧ୍ୱନୀ ।
ଓ ସୁବର୍ଣ୍ଣ କଳସର ଜଳରେ ଅଭିଷିକ୍ତ ।

ଅନ୍ୟମନସ୍କ ପୁରୁଷଟିଏ
ନତଜାନୁ ହୋଇ ପ୍ରାର୍ଥନାରତ ପ୍ରତ୍ୟୟ ଓ
ବିଶ୍ୱାସର ସିଂହଦ୍ୱାରରେ ।
ନିର୍ବାସିତ ଋତୁର ଶୋକ, ତୁମର ସେହି
ହିସାବ ଖାତାରେ ପାପପୁଣ୍ୟର ଏକାନ୍ତ ବିସ୍ମୟ ।
ତମର ଅହଂକାରୀ ପ୍ରେମର ଶବ୍ଦଲିପି
ପ୍ରତିଟି ସ୍ୱପ୍ନରେ ଆଉ ଏକ ସ୍ୱପ୍ନର ପ୍ରାରମ୍ଭ
ନିଜକୁ ନିଜଠାରୁ କରେ ନିର୍ବାସିତ
ଶୀତ ଶୀତଋତୁ । ଶୀତଋତୁ ଏବଂ ଶୀତ ।

ଯନ୍ତ୍ରଣା ଫାଶିକାଠରେ ଝୁଲି ରହେ
ମେରୁନ୍ ରଙ୍ଗର ବେଲୁନ୍‌ପରି ତମ
ଓଠର ରିମ୍‌ଝିମ୍ ଶବ୍ଦର ସଂଗୀତ ।

ଶୋରିଷ ଓ ଧାନ ଫୁଲର ବାସ୍ନାରେ
ନିସଂଗ ମଲା ପ୍ରଜାପତିଙ୍କର ଶୋଭାଯାତ୍ରା
ଶଙ୍ଖମର୍ମର ଶବାଧାରରେ ତମେ ମୋର ନାଁ
ଲେଖି ଚାଲିଯିବା ପରେ, ଏକ ଅଦ୍‌ଭୂତ ଶୁଭ୍ରତାରେ
ଆକାଶ ନୀଳ ଓ ପ୍ରୋଜ୍ୱଳ
ଅଦୃଶ୍ୟ ଅରଣ୍ୟର ରାସ୍ତା ନେଇଯାଏ
ତୁମକୁ ଓ ମୋତେ ଆଉ ଏକ ଅରଣ୍ୟକୁ
ତମେ କଣ ତମର ପ୍ରତିଶ୍ରୁତି ରଖି
ସକଳ ସଂଶୟକୁ ଅସ୍ୱୀକାର କରି
ଆସିବ ମୋ ପାପର ଅଂଶୀଦାର ହେବାକୁ
ଆଖିରେ ସୂର୍ଯ୍ୟର ଅଂଗୀକାର ନେଇ
ଆମର ସେହି ନାମହୀନ ପରିଚିତ ରାସ୍ତାରେ
ଏକାଏକା ଏକାଏକା ଏକାଏକା
ଏଇ ଆଚ୍ଛନ୍ନ ଶୀତରେ ଏକାଏକା ଏକାଏକା ।

ନିଶବ୍ଦ ନିର୍ବାସନ

॥ ଏକ ॥

ମଣିଷର ଶତ୍ରୁ କେହିନାହିଁ
ନିଜ ବ୍ୟତୀତ । ଏବଂ ଇଚ୍ଛାଠାରୁ ବଳି
ଆଉ ତ ଦୁଃଖମୟ ପୃଥିବୀ ନାହିଁ
ଯେଉଁଠି ସ୍ୱୟଂ ଈଶ୍ୱରଙ୍କୁ ବି ପ୍ରତାରଣା
କରାଯାଇପାରେ । ପୁଣି କେଉଁ ଲୋଭରେ ।
ଜାଲକୁ ଡେଇଁବୁ ରେ କପୋତପକ୍ଷୀ ।
ସୂର୍ଯ୍ୟମୟ ଶୂନ୍ୟ ଅହଂକାରର ଅଂଗାରରେ
ଜଳି ଜଳି ସାରା ଆକାଶଟା ଏକା ଏକା
ପରିକ୍ରମା କଲାପରେ ।

ହତଭାଗ୍ୟ ସ୍ୱପ୍ନମାନଙ୍କୁ ହାତଧରି
ବାଟ କଢ଼େଇ ନେବାରେ ଲାଭକଣ
ଅସୁସ୍ଥ ଯଯାତିର ସାମ୍ରାଜ୍ୟକୁ ।

ନାଗଫେଣୀ କଣ୍ଟାକୁ ଏଥର ସଜାଇରଖ
ବଗିଚାରେ । ଶୋକାର୍ତ୍ତ ଦିନଗୁଡ଼ିକ ନିର୍ଜିତ ହୋଇଯାଉ
ଅଚିହ୍ନା ଲୋକସବୁ ଚାଲିଯାଆନ୍ତୁ, କାରଣ
କାହାରିକି ଅପେକ୍ଷା କରିବା ଅପେକ୍ଷା
ଏକେଲା ଉପେକ୍ଷିତ ଅପରାଧି ଭଳି

ଏ ନିଃଶବ୍ଦ ନିର୍ବାସନ ବରଂ ଶ୍ରେୟସ୍କର
ତମର ସେ ପରିଚିତ ସହରରୁ । ଘୃଣାରୁ / ଉପେକ୍ଷାରୁ ।

॥ ଦୁଇ ॥

ଆମେ ଦୁହେଁ ବନ୍ଦୀ ଆଜି ଦୁଇଟି ଦ୍ୱୀପର
ମଝିରେ । ଅନେକ ଅନେକ ଯନ୍ତ୍ରଣାର ଦିନ
କ୍ରୀତଦାସ ଇଚ୍ଛାମାନଙ୍କର, ଯାହା ଦିନେ
ସ୍ୱପ୍ନରେ ସମ୍ମତ ଥିଲା / ଏବଂ ଏହି ନିର୍ବାସନ
ପୂର୍ବରୁ ନିଶ୍ଚିତ ଥିଲା / ଚିହ୍ନିତ ଥିଲା
ଜୀବନ ଓ ସ୍ୱପ୍ନର ମାନଚିତ୍ରରେ ।

ଅଲିଖିତ କେଉଁଠରୁ ପରଓ୍ୱାନା ଧରି
ହଠାତ୍ କେବେ ଆସି ଫେରିଗଲା ଅକାରଣ
ଶୂନ୍ୟତାରେ ଭରିଦେଇ ହୃଦୟର ଅସଂଖ୍ୟ କୋଠରୀ ।

ଉଦାସୀନ ଶେଲ୍‌ଫରେ ଫଟୋଗ୍ରାଫ୍
ନିଜର / ବହୁ ଯୁବକ ଯୁବତୀଙ୍କ ବାତିଲ୍ ମୁହଁ
ସେମାନଙ୍କର ଶୋକ ଏବଂ / ଅହଂକାରରେ ସାଲିସ୍‌କରା
ଫୁଲଦାନୀ / ପ୍ଲାଷ୍ଟିକ୍‌ର ଫୁଲ ।

କ୍ରୀତଦାସର ଇଚ୍ଛା ଅନିଚ୍ଛାର ମୂଲ କାହିଁ ।
ବଂଚିବାପାଇଁ ସେ ବିଷର ପିଆଲା ଟେକିନିଏ
ଏକାନ୍ତ ନିଜସ୍ୱ ଓ ନିରୂପିତ ଭାଗ୍ୟପରି ।
ତଥାପି ତ ତୁମଠାରୁ ଦୂରେଇଯିବାର ଉପାୟ ନାହିଁ
କାରଣ ଏ ସହରରେ ମଲାଚଢ଼େଇର
ପରସବୁ ଢାଙ୍କିଦିଏ
ମୁହୂର୍ତ୍ତର ସକଳ ପ୍ରାପ୍ତିକୁ ।

■

ଏସ୍‌ପ୍ଲାନେଡ / କଲିକତା

ତୋ ଲମ୍ବା ପଣତ କାନିର ସାମାନ୍ୟ ସ୍ପର୍ଶରେ
ସର୍କସ୍‌ର ବାଘପରି ସବୁ ଲୋକ ପୋଷା ମାନିଯାନ୍ତି
ଏବଂ ନିଆଁର ରିଂ ଭିତରକୁ ନିର୍ଭୟରେ ଡେଇଁଯାନ୍ତି
ପୋଡି ମରିବାର ଭୟସତ୍ତ୍ୱେ ।
ଆଉ ତୋର ସହରରେ
ନିଆଁ ଲାଗିଲାପରେ କେବଳ ଏକ ଐଶ୍ୱର୍ଯ୍ୟର ସାମ୍ରାଜ୍ୟ ।

(ମୁଁ ତୋର ସ୍ୱାମୀ ନୁହେଁ ପ୍ରେମିକ ନୁହେଁ ସୋଦର ନୁହେଁ
ଦୋସର ନୁହେଁ କେବଳ ଏକ ଆଦମ୍‌ଖୋର୍ ସୌଦାଗର ।)

ମୋ ସୁନା ପିଂଜରାରେ ଅସଂଖ୍ୟ ବାଘୁଣୀ ।
ମୋର ହାତୀଦାନ୍ତର ମୟୂରକଣ୍ଠି ବୋଇତ
ତୋ ନିଆଁର ତରଳ ସମୁଦ୍ରରେ ହଂସପରି ଭାସୁଛି
ତୁ କଣ ସତରେ ମୋ ସହିତ ଜଳିବୁ । ଏ ସୂର୍ଯ୍ୟମୟ
ଦି'ପହରେ ଏକାଏକା ଏକାଏକା ଏକାଏକା ।

ତୁ କଣ ସତରେ କିମିଆଁ ଜାଣୁ । ତୋ ବଗିଚାର
କାଂଚନ ଓ ସୁନାରୀ ଫୁଲ ଝରିଗଲାପରେ ରାସ୍ତାସାରା
ନୂତନ ଦେହର ବାସ୍ନା । ତୁ କଣ ସତରେ ମୋ ମନର
ଅଂଧାର କୋଠରୀର ଚାବିକାଠି ତୋ ସ୍ୱାମୀଙ୍କ ତକିଆତଳେ
ଥୋଇଦେଇ ରାତିସାରା ରାତିସାରା ରାତିସାରା

ଖୋଜୁଥିବୁ ଏବଂ ଚୁପ୍‌ଚୁପ୍ ଚାଲି ଯାଉଥିବୁ ଏକ
ଅସମାପ୍ତ କବିତାର ପଂକ୍ତିପରି
ଏକାଏକା ଏକାଏକା ଏକାଏକା ଏକାଏକା ।

କନଟ୍ ପ୍ଲେସ୍ / ଦିଲ୍ଲୀ

ସ୍ୱପ୍ନ ଦେଖିବାରେ କାହାରିକି ମନାନୁହେଁ ଏବଂ
କ୍ଷତି ବି ନାହିଁ ବର୍ଷିୟସୀ ମହିଳାମାନଙ୍କୁ ଚହିଁବାରେ
କିମ୍ବା ସେହି ସବା ଶେଷଲୋକଟି ପରି ନିହାତି
ନିସଂଗ ଭାବରେ ଶୀତରାତିରେ ଘୂରି ବୁଲିବାରେ
ରୋମାଂଚ ନାହିଁ ଏକାଏକା ଏକାଏକା ଏକାଏକା

ସବୁ ଲମ୍ବା ରାସ୍ତାତକ ସାପପରି ଗୋଟିଏ କୁହୁକ ପେଡ଼ିରେ
ଯେମିତି ଚୁପ୍‌ଚାପ ଶୋଇଛନ୍ତି କୁତବ୍ ବା ବୋଟ୍‌କ୍ଲବ୍‌ର
ମୈଦାନରେ । ତୁ ବୁଲିବୁଲି ଥକିଗଲେ କାହାର କି ଯାଏ ?
ସେମାନେ କାହିଁକି ବୁଝିବେ ତୁ ମୋର ପତ୍ନୀ ନୋହୁ
ପ୍ରେମିକା ନୋହୁ ଏକ ଅପବିତ୍ର ନଦୀର ସ୍ରୋତ
ଯେଉଁଠି ଶିଳା ଓ ଶାଳଗ୍ରାମ ଏକ ଓ ଅଭିନ୍ନ ।

ଏବଂ ତୁ କାହିଁ ଜାଣିବୁ ଯେ ନିର୍ଜନତା କେତେ ଶୋଷ
ଭରିଦିଏ ଶୂନ୍ୟମୟ ଛାତିପକେଟରେ ! ଆଉ ଭୟଂକର
ଫୁଟ୍‌ପାଥ୍ ଉପରେ ଛାଡ଼ି ଦେଇଯାଏ ଗୋଲାମ୍‌ମାନଙ୍କୁ
ପହରା ଦେବାକୁ ତୋତେ, ତୋ ମାଆ ଭଉଣୀ ଓ
ସାନ ଝିଆରୀକୁ ।

■

ବସଂତ ଓ ଉଦାସୀ ଭ୍ରମର

କେଉଁ ଲାଲ୍ ଗୁଲାଲ୍‌ରେ ହୋରିଖେଳ ହେବାରେ ମିତଣୀ
ବସନ୍ତର ଫୁଲପକା ଛିଟଶାଢ଼ୀ / ପ୍ରଜାପତି ଏବଂ ଫୁଲଙ୍କର
ପାନଖାଇ ଗୋରୀଝିଅ ଓଠ ତାର ରକ୍ତ ପଦ୍ମଫୁଲ ।
(ଆହା କି ଅପୂର୍ବ ଦୃଶ୍ୟ ପଳାଶ ଓ ଅଶୋକ ବନର ।)
ଦୁଃଖ ସବୁ ପ୍ରେମିକାର ଲୁଗାପରି ଉଡ଼ିବୁଲେ
ଫାଲ୍‌ଗୁନର ଉତ୍ତଳା ହାୱାରେ । ବସଂତ କି ମଧୁଶାଳା
ମୁଖରିତ ଗଜଲର ସ୍ୱରେ ।

ବସଂତ ଝୁଲଇ ଅବା
ମୋ କିଶୋରୀ ପ୍ରେମିକାର ଶାଲ୍ମଳୀ ଶାଖାରେ ।
ମୁଁ ଏଠି ବନ୍ଦୀ ଭ୍ରମର ତୋ ସୁଗନ୍ଧି ପଦ୍ମପାଖୁଡ଼ରେ
ପାପ ଏବଂ ପୀୟୁଷର ନିର୍ମଳ ବିନ୍ଦୁରେ
ମିତଣି ରେ । ଥିଲା ତୋର ଭ୍ରୂ ମଝିରେ ଉଦାସୀ ଭ୍ରମର
ମୋ ଆଖିରେ ପରିଚ୍ଛନ୍ନ ପାପ । ତୋ ବୁକୁରେ
ସୁବର୍ଣ୍ଣର ସାପ ଶୁଣେ ପଦ୍ମତୋଳା, ଅହଂକାରୀ
ପଦ୍ମର ସୁରଭୀ ତୋର ସର୍ବାଂଗରେ
ତୋ ଦେହର ପବିତ୍ରତା ଏତେ ବର୍ଣ୍ଣମୟ । ଏତେ ପ୍ରେମ
ଏତେ ପ୍ରୀତି ତୋର ଦୁଇ ଆଖିର ଦୀଘିରେ ।

ମିତଣି ରେ କବରୀରେ ଥିଲା ତୋର ବର୍ଣ୍ଣମୟୀ ପ୍ରଜାପତି
ସୂର୍ଯ୍ୟର କଂକଣ ତୋର ମଣିବଂଧେ । ତୋର ଦୁଇ
ସ୍ତନାଗ୍ରରେ ଏତେସ୍ମୃତି ବିଗତ ଦିନର ।

ତୋ ଭ୍ରୁରୁ ମଝିରେ ଥିଲା ବସନ୍ତର ଉଦାସୀ ଭ୍ରମର
ମୋ ଆଖିରେ ପାପଥିଲା / ପାପଥିଲା ମୋର ଦୁଇହାତେ
ଏବଂ ତୋର ସ୍ତନେ ଥିଲା ଜଳ ଓ ଗରଳ (ତୁ ଜାଣୁନା
ମିତଣି ରେ ଭ୍ରୂ-ମଝିରେ ଥିଲା ତୋର ଉଦାସୀ ଭ୍ରମର)

ଏବଂ ଥିଲା କ୍ଷୀଣସ୍ରୋତା ରତ୍ନମତୀ ନଈ
ମୋ ରକ୍ତରେ ବାଜେ ଆଜି ବସନ୍ତର ବିଚିତ୍ର ଶା'ନାଇ ।
ତୋ ଶେଯରେ ଭୁରୁଭୁରୁ ଅଗୁରୁ ଚନ୍ଦନ
ତୁ ସୁନ୍ଦର ଦିଶୁମୋତେ । ସୁନ୍ଦରୀ ରେ !
ଏ ବସନ୍ତ ଆଣେ ଯେବେ ଧରିତ୍ରୀରେ ନବଯଉବନ ।

■

BLACK EAGLE BOOKS

www.blackeaglebooks.org
info@blackeaglebooks.org

Black Eagle Books, an independent publisher, was founded as a nonprofit organization in April, 2019. It is our mission to connect and engage the Indian diaspora and the world at large with the best of works of world literature published on a collaborative platform, with special emphasis on foregrounding Contemporary Classics and New Writing.

www.ingramcontent.com/pod-product-compliance
Lightning Source LLC
Chambersburg PA
CBHW060620080526
44585CB00013B/919